SHODENSHA
SHINSHO

最強神社と太古の神々

島田裕巳

JN110457

祥伝社新書

はじめに

日本には、実に多くの神社が鎮座しています。

文化庁が毎年刊行している『宗教年鑑』によれば、日本全国におよそ8万社あるとされています。コンビニエンスストアの数が約5万6000店ですから、神社はそれよりもはるかに多いことになります。

しかも、『宗教年鑑』に掲載されているのは宗教法人として認証されている神社のみですから、認証を受けていない神社もありますし、屋敷神《やしきがみ》やビルの屋上などにある神社を合わせれば、20万社に達するのではないかと言われています。

神社には、それぞれ祭神《さいじん》が祀《まつ》られています。祭神はひとつの場合もありますが、複数の祭神がひとつの神社で祀られていることもあります。境内《けいだい》にいくつもの摂社《せつしゃ》・末社《まつしゃ》（神社本社の管理に所属する小規模な神社）があれば、祭神の数は増えます。まさに、八百万《やおよろず》の神々が祀られていることになるわけです。

古代にあった神社については、927（延長《えんちょう》5）年にまとめられた「延喜式神名帳《えんぎしきじんみょうちょう》」

（「しんめいちょう」とも）に記されていますが、神社は2861社、神は3132座《ざ》を数えます。「社」は神社の数を、「座」は「柱《はしら》」と共に神の数を示す単位です。前述のように、ひとつの神社で複数の祭神を祀る場合があるため、神社と神の数が異なっています。

「延喜式神名帳」に登場するということは、927年以前から祀られていた神社ということになります。石清水《いわしみず》八幡宮（京都府八幡《やわた》市）や北野《きたの》天満宮（京都市）は重要かつ著名な神社ですが、「延喜式神名帳」には記載がありません。石清水八幡宮の創建は860（貞観《じょうがん》2）年（859年説もあり）、北野天満宮は同947（天暦《てんりゃく》元）年と、時代が新しいからです。

「延喜式神名帳」にある神社は有力なものということになりますが、神社の名称や場所は記されていても、祭神は数が示されるだけで、ほとんどの場合、どのような神が祀られているかはわかりません。したがって、祭神についての情報は「延喜式神名帳」からは得られません。

なぜ「延喜式神名帳」に祭神が記されていないのか。その点については、情報がないのでわかりません。神を祀る空間としての神社は重要でも、祀られる個別の神は重視されなかったのか、なかなか興味深いところですが、理由を説明するのは困難です。

では、パワーがもっとも強い神社、すなわち最強の神社を選ぶには、どのような基準を用いればよいでしょうか。それは、神話に登場する神々を祀っているか否《いな》かが重要なポイントになります。

日本の神話は、8世紀はじめに成立した『古事記《こじき》』と『日本書紀《にほんしょき》』に記されています。どちらも前半は神々の物語であり、「神代《じんだい(かみよ)》」と呼ばれる神話です。後半になると、それが代々の天皇の物語に引き継がれていきます。天皇は、日本の中心に位置する存在ですから、神話は日本の成り立ちを示した、きわめて重要な物語になります。

『古事記』『日本書紀』に登場する神々のなかには、日本の国土を生み出したり、国づくりをした存在が含まれています。皆、重要な神々です。したがって、そうした神々はさまざまな神社で祀られ、それぞれの神社では特有の信仰が成立しています。

このことを踏まえて、本書では『古事記』『日本書紀』に登場する太古の神々を祀っている神社を「最強神社」と捉《とら》えることにします。

アマテラス、スサノオ、オオクニヌシは神話で大いに活躍しますが、神道《しんとう》の信仰においても重要な役割を果たしています。オオモノヌシはアマテラスなどと比べると、重要度はやや落ちるものの、それを祀る大神《おおみわ》神社（奈良県桜井《さくらい》市）は神社のもっとも古い形を残していると言われ、とても重要です。また、コノハナノサクヤビメと宗像三女神《むなかたさんじょしん》は、それぞれ山の神、海の神の代表として取り上げました。自然は山と海によって構成され、神道には自然信仰の性格が強くあるからです。

こうした最強神社と太古の神々について知ることで、必ずしも体系化されていない、あるいは体系を持つものとしては説明されていない神道について、より深く理解できるようになります。それによって、参詣・参拝など神社との向き合い方も大きく変わるはずなのです。

2023年4月

島田裕巳

目次

はじめに　3

第1章　伊勢神宮とアマテラス

神社の数　14
登場してすぐに消える神　17
伊勢神宮だけに存在すること　19
「延喜式神名帳」でもわからない⁉　22
最古の神社建築はどこにある？　26
男神か、女神か　29
日本神話の特異性　31
アマテラスの誕生　33
なぜ大和に祀られなかったのか　36

天皇が参詣しなかった理由 40
内宮と外宮の謎 42

第2章

氷川神社、八坂神社とスサノオ

不思議な神道 46
スサノオを祀る3系統の神社 48
龍神信仰 51
乱暴者か、英雄か 55
渡来人が祀った神々 58
牛頭天王 61
出雲大社はスサノオを祀っていた!? 64
祇園祭の謎 67
疫病とのかかわり 70
八坂神社の正体 73
神と人との関係 74

第3章 出雲大社とオオクニヌシ

本当は恐ろしい縁結びの神 78
優しいオオクニヌシ 81
生き返ったオオクニヌシ 83
国づくり神話 87
国譲り神話 90
『古事記』と『日本書紀』の違い 93
『日本書紀』が出雲神話を書かなかった理由 96
巨大な本殿は実在したか 99
生神 102
オオクニヌシと出雲国造の関係 106
ヤマト王権による征服 108

第4章 大神神社とオオモノヌシ

山を拝む 112
本殿の建立時期 114
三ツ鳥居 117
三輪山に登ると、そこには…… 119
なぜ遺物は残されたのか 121
伊勢神宮に存在する磐座 124
『古事記』のオオモノヌシ 126
『日本書紀』のオオモノヌシ 129
神仏習合 132
2つの神宮寺 134
中世から近世にかけての空白 138

第5章 浅間神社とコノハナノサクヤビメ

複数の浅間神社 144

山の神と山神社 146
富士山に最初に登った人物 149
村山修験と即身仏 151
食行身禄の入定 154
富士講と富士塚 156
短命伝説 159
コノハナノサクヤビメが祭神になった理由 162
天皇の誕生 163
征服者と被征服者 168
異類婚 169

第6章 宗像大社と宗像三女神

海の神 172
オイワズサマ 174
記録がない！ 177

磐座の謎の一部が解明　179
何が行われていたのか　181
「3」が意味すること　184
住吉大社の特異な本殿配置　187
天皇さえ殺す神　189
突如、登場する八幡神　191
神と魂　193
最強神社　196

第1章

伊勢神宮とアマテラス

神社の数

『古事記』『日本書紀』に登場する神は、数としては３００ほど。よく「八百万の神」と言われますが、これは数が多いことを意味するもので、そこまでは多くありません。『古事記』『日本書紀』の両方に出てくる神もあれば、片方にしか出てこない神もあります。

それ以外にも神は存在しています。日本でもっとも数が多い神社は八幡《はちまん》神社（八幡宮）で、私も『なぜ八幡神社が日本でいちばん多いのか』（幻冬舎新書）を上梓しています。実際、八幡神社はさまざまな地域でよく見かけるはずです。しかし、八幡神社の祭神である八幡神《はちまんしん》は『古事記』『日本書紀』には出てきません。

実質的な数ではもっと多いと思われる神社が、稲荷《いなり》神社です。稲荷神社の祭神である稲荷神《いなりしん》も、『古事記』『日本書紀』に出てきません。出てくるという解釈もできなくはありませんが、少なくとも稲荷神としては出てきません。稲荷神は屋敷神やビルの屋上などに祀られることが多く、その数は膨大です。また、神社に行くとわかるように、境内に摂社・末社として稲荷神社が設けられているところも多いのです。そこには赤い鳥居《とりい》、さらには千本鳥居が建っています。

ところで、よくテレビ番組などで「明治《めいじ》神宮（東京都渋谷《しぶや》区）はいつからあるのでしょうか」というクイズが出ます。なかには「古代」などという回答もあったりします。確かに明治神宮は立派な森になっており、そのような雰囲気もあります。

しかし、明治神宮の祭神は明治天皇夫妻であり、創建は１９２０（大正９）年です。１００年ちょっとの歴史しかありません。けれども、あれほど立派な森になっています。なぜ、古代からあったような立派な森になっているのでしょうか。

明治天皇が亡くなったあと、近代日本を作り上げた偉大な功績をあげた天皇を顕彰するための施設を造ろうという議論が起こり、最終的に神社として祀る形になりました。その際、国民が明治神宮に献木をしました。木々を直接持ち込むのではなく、献木の資金を献金する形式です。国民全体が明治神宮の創建に貢献したわけです。

そして、１００年後に立派な鎮守の森ができるようにと「明治神宮御境内林苑計画」が立案されました。これは鎮守《ちんじゅ》の森を人工的に造っていく計画で、当時の学者の英知が詰まっています。具体的には、どの木をいつどこに植えるか、また木が衰《おとろ》えていった時に次世代の木をどう育てていくかを予測して、植栽を行わなくても木の実などから木々が育ち、自然の森に近い安定した状態、これを「極相《きょくそう》」と言いますが、そうなるように最初の段階で設計をしたのです。

ただ、予想できなかったのが温暖化、あるいは都市化です。予想以上に東京が暖かくなって、計画よりも早めに極相に達してしまいました。100年の予定だったのが、50年で鎮守の森が完成したのです。

しかも、予想していなかった亜熱帯の樹木が生《は》えるようになった。亜熱帯の樹木が鎮守の森にふさわしいのかどうか、その木を抜くか否かという議論もあったようです。つまり、人の手によってあの森はできあがりましたが、見かけは古代からずっとあるかのようになっているわけです。

では、古代からある神社は古代そのままの姿でそこにあるのかというと、これがなかなかはっきりとはしません。詳細は折に触れて述べていきますが、姿はもちろん景観も変化しており、社殿もいったいいつから建っているのか、それからして問題になってきます。

なかには、コンクリートでできた社殿もあり、それらは戦災などで焼失したために戦後に建て直したところが多いのです。数年前に忌《い》まわしい事件が起こった富岡《とみおか》八幡宮（東京都江東区《こうとう》）もコンクリート造りです。現在、コンクリート造りの社殿が増えています。これは耐震の問題もありますが、火事による焼失が繰り返され、木造の建築を維持することが難しくなったからです。

靖国神社《やすくに》（東京都千代田区《ちよだ》）は前身を東京招魂社《とうきょうしょうこんしゃ》と言い、１８６９（明治２）年に創建されました。その後、１８７９（同12）年に、現在の名に改称されています。戦災にも遭《あ》わず、現在も立派な木造建築です。

私は以前、昇殿参拝をしたことがあるのですが、その時に宮司《ぐうじ》さんが言うには、靖国神社の場合には政治的な問題があってたびたび放火されており、防火に神経を使っているそうです。もし現在の社殿が焼け落ちたら、靖国神社は今の姿をもう取り戻すことができないので、それを守るためにかなりの苦労をされているわけです。

登場してすぐに消える神

このように神社にも歴史があるわけですが、神社に祀られている祭神にはさまざまなものがあります。本書は『古事記』『日本書紀』に登場する祭神を見ていくので、八幡神や稲荷神など神話に登場しない神々は各章のなかで触れることはあっても、ひとつの章としては取り上げません。

まずは『古事記』『日本書紀』に書かれていることと、神社に祀られている神がどのように関係するかを考察するため、アマテラスオオミカミ（天照大御神）と伊勢《いせ》神宮（三重県伊勢《いせ》市）について見てみましょう。

厄介《やっかい》なのは、アマテラスが『古事記』『日本書紀』では異なる表記がされていることです。『古事記』では天照大御神ですが、『日本書記』だと天照大神です。『古事記』と『日本書紀』には共通する神が少なくないのですが、漢字の表記が違います。

さらに、多くの名前・別名を持つ神もあります。名前が違うということは、それぞれの名前に別々の物語があるということです。別々に伝えられてきたものが、あるところでひとつにまとめられたのではないかということですね。

別名がもっとも多いのはオオクニヌシノカミ（大国主神）で、主なものだけでも5つあります。本を書く時に苦労するのですが、統一しようとしても、なかなか叶《かな》いません。

このように、神の名前自体がややこしい部分を持っているのですが、本書ではわかりやすいように『古事記』の表記を主として、初出では漢字、以降はカタカナで表記することにします（倉持憲司校注『古事記』、坂本太郎・家永三郎・井上光貞・大野晋校注『日本書紀』(一)〜(五)［いずれも岩波文庫］などを参考）。

『古事記』の冒頭、最初の神としてアメノミナカヌシノカミ（天之御中主神）が登場しますが、この神はそのまま消えてしまい、以降は出てきません。最初に登場する神が物語のなかで何の活躍もしないことは不思議です。しかし神話は物語ですから、詳しい説明がありません。そのため、なぜなのかはわからないのです。

伊勢神宮だけに存在すること

アマテラスを祀る伊勢神宮は、一般には「伊勢神宮」と呼ばれますが、正式には「神宮《じんぐう》」と言います。現在では宗教法人の形を取っていますので、「宗教法人神宮」が正式名称となります。

「神宮」と名乗る神社は他にもあります。皇室にかかわりがある神社は「神宮」と呼ばれるからです。ただし、ただ「神宮」と言ったら伊勢神宮のことを指します。昔は「大神《だいじん》宮《ぐう》」と呼ばれていました。

神社の名前は変わる場合があります。たとえば、スサノオノミコト（須佐之男命）を祀る八坂《やさか》神社（京都市）は、明治時代より前は「祇園社《ぎおんしゃ》」と呼ばれていました。神社の西側にある京都随一の歓楽街・祇園《ぎおん》の名前はここに由来します。八坂神社で御朱印《ごしゅいん》をもらうと、八坂神社ではなく祇園社と書いてあります。八坂神社自身が、祇園社としての伝統を重視しているわけです。

そもそも、明治以前は「○○神社」よりも「○○社」のほうが一般的でした。このように、歴史を経《へ》ることで神社の呼び方も変わるわけです。

伊勢神宮は、内宮《ないくう》と外宮《げくう》に分かれています。参拝する順番としては、伊勢市《いせし》駅（JR、近畿鉄道）に近い外宮から回り、次に内宮に詣《もう》でるケースが多いようです。

内宮と外宮では、祀られている神が異なります。内宮はアマテラスが祀られています。神宮では、正式には「天照坐皇大御神《あまてらしますすめおおみかみ》」と呼んでいます。内宮は俗称で、「皇大神宮《こうたいじんぐう》」が正式の名称です。いっぽう、外宮は「豊受大御神《とようけのおおみかみ》」が祀られていて、外宮の正式名称は「豊受大神宮《とようけだいじんぐう》」です。内宮に祀られるアマテラスはよく知られていますが、外宮に祀られ

伊勢神宮の内宮と外宮

ているトヨウケノオオカミ（豊受大神）はあまり知られていません。
内宮と外宮に分かれている神社は他にありません。
日本人が海外からの旅行者と伊勢神宮に参拝すると、なぜ内宮と外宮に分かれて別の神を祀っているのかを聞かれるようですが、みなさん説明に窮《きゅう》するようです。その答えは、本章の最後に示しましょう。

「延喜式神名帳」でもわからない⁉

神社について考えるうえで重要な史料に、「はじめに」でも触れた「延喜式神名帳」があります。これは言うなれば神社のリストで、私が監修した『一生に一度は行きたい日本の神社100選』『今こそ行きたい日本の神社200選』（共に宝島社）を現代版とすれば、古代版と考えてもいいでしょう。

7世紀後半から9世紀頃まで、わが国は律令《りつりょう》制下にありました。「律《りつ》」が刑法、「令《りょう》」が行政法や民法にあたります。現在もそうですが、基本的な法律だけでは、社会が円滑に動きません。そのため、律令条文の補足や改正のために「格《きゃく》」が、律・令・格の施行細則として「式《しき》」が定められました。

式のひとつが『延喜式』で、「延喜式神名帳」は巻9と巻10にあたります。ちなみに、巻1から巻8にかけては神をどうやって祀るかなどの神事について書かれています。巻11以降になると、現在の法律にあたることが書かれています。つまり、国政において、もっとも重要なことが神を祀ることだったのです。これがこの時代の大きな特徴で、この点は注目しておく必要があります。

ちなみに、平成から令和に変わる時に大嘗祭《だいじょうさい》が営《いとな》まれましたが、その方法も『延喜式』に記されています。大嘗祭とは天皇の代替わりの儀式で、即位後にはじめて行われる新嘗祭《にいなめさい》を指します。具体的には、天皇が新穀をアマテラスおよび神々に供え、みずからも食します。

「延喜式神名帳」では、神社は官幣大社《かんぺいたいしゃ》、国幣大社《こくへいたいしゃ》、官幣小社《かんぺいしょうしゃ》、国幣小社《こくへいしょうしゃ》の4種類に分かれていました。官幣大社とは朝廷が使者を派遣して、供物《くもつ》を捧《ささ》げる神社です。リストには198社、304座が挙げられています。すなわち全国に198の官幣大社があり、そこには304の神が祀られていたことを示しています。複数の神を祀っている神社があったことが、この数字からもうかがえます。国幣大社や国幣小社は、各地の国司が幣帛《へいはく》を捧げるものでした。

「延喜式神名帳」は10世紀はじめの段階でリストアップされたわけですが、現存するものも多く含まれています。こうした神社は少なくとも10世紀初頭、さらには平安時代より前、奈良時代や飛鳥時代、あるいはそれよりも前から存在していた由緒ある神社ということになります。神社の側も、それを誇っています。

では、実際にどのように掲載されているかを駿河国《するが》（静岡県中部）の例から見てみます。古代には行政の単位として国《こく(くに)》・郡《ぐん》・里《り》が置かれましたが、「延喜式神名帳」では郡ごとに神社の名前が記されています。たとえば山名郡《やまな》には、山名神社（静岡県周智郡《しゅうち》森《もり》町）など4つの神社の名前が書かれています。また、磐田郡《いわた》には12の神社の名前がありますが、そのなかの御子神神社《みこのかみ》（現存せず、同県磐田《いわた》市に推定）は2座と書いてあります。御子神神社には二柱《ふたはしら》の神が祀られていることを意味します。

それぞれの神社が現存するのか、現存するとしたらどの神社にあたるのか、が問題になります。なかには消滅してしまった神社もあります。また、似たような名前の神社があって「延喜式神名帳」に記載されたのはどれか議論になることがあり、そのような神社を「論社《ろんしゃ》」と言います。

『一生に一度は行きたい日本の神社100選』『今こそ行きたい日本の神社200選』では冒頭で、平安時代以降に朝廷の奉幣《ほうへい》（奉献）を受けた二十二社《にじゅうにしゃ》（第4章で詳述）を紹介しています。そのなかに、奈良県の丹生川上神社《にうかわかみじんじゃ》があります。

　この神社はもともとひとつでしたが、現在は上社《かみしゃ》（奈良県吉野郡川上村《よしのぐんかわかみむら》）、中社《なかしゃ》（同東吉野村《ひがしよしのむら》）、下社《しもしゃ》（同下市町《しもいちちょう》）という形で３つに分かれています。いずれも山間部にあり、私も一度行ったことがあります。３社はそれぞれ、自社が本来の丹生川上神社であると主張していました。学者の間でも議論もありましたが、現在は中社が本来の丹生川上神社ということに落ち着いています。

「延喜式神名帳」で注意しなければならないのは、「はじめに」でも述べたように、神社の名称および祀られている神の数は示されていても、どのような神が祀られているかが記されていないことです。たとえ２座と書かれていても、その２座が何かがわからないのです。

　これについては、たとえば祭神が定まっていなかったことが考えられます。つまり、神社の場所が先に定められ、のちにどのような祭神を祀るかが決定されたのではないかと想定できるのです。

最古の神社建築はどこにある？

神社というと、私たちは現在の姿をイメージしますが、『延喜式』の時代に現在のような神社の建物が建っていたかというと、これはかなり怪しい。もしかしたら何もなかったかもしれません。もちろん、神を祀るための場はあったでしょうが、現在のように鳥居があって拝殿《はいでん》があって本殿《ほんでん》があるような立派な建物であったとはとうてい思えません。

現存する日本最古の神社建築は、宇治上《うじがみ》神社（京都府宇治《うじ》市）です。観光名所である平等院鳳凰堂《びょうどういんほうおうどう》の脇には宇治川《うじがわ》が流れていますが、宇治川のそばに学問の神様である菟道稚郎子《うじのわきいらつこ》を祀った宇治《うじ》神社（同）があります。宇治上神社があるのはその奥で、京都に詳しい人でも知らないことが多いようです。

宇治上神社は、賀茂別雷《かもわけいかづち》神社（上賀茂《かみがも》神社、京都市）や清水寺《きよみずでら》（同）などと共に、「古都京都の文化財」として世界文化遺産に登録されていますが、「古都京都の文化財」のなかで、もっとも知られていない神社かもしれません。なぜ「古都京都の文化財」に宇治上神社が入っているかというと、ここに日本最古の神社建築が残されているからです。

日本最古の寺院は、607（推古《すいこ》15）年創建（推定）の法隆寺《ほうりゅうじ》（奈良県生駒《いこま》郡斑鳩《いかるが》町）ですが、宇治上神社の創建はそれよりもずっとあとです。建築物に使われている木材を科学的に分析したところ、1060年頃とされています。

日本の仏教界は、釈迦《しやか》が入滅してから2000年後の1052（永承《えいしよう》7）年から、仏《ぶっ》法《ぽう》の衰える末法《まつぽう》の時代が始まると説きました。この影響を受けて、末法の時代になんとか極楽往生を果たそうと、平等院鳳凰堂が1053（天喜《てんぎ》元）年に創建されています。ですから、宇治上神社と平等院鳳凰堂の創建には何らかの関係があると思われますが、詳しいことは不明です。

宇治上神社は日本最古の神社建築ですから、拝殿、本殿共に国宝に指定されています。拝殿は平安時代の住宅様式が取り入れられ、古風な印象を受けます。そこから本殿に向かうと、格子戸《こうしど》のある建物が見えてきます。そこが本殿です。ただ、格子戸の建物は、本殿を保護するための覆屋《おおいや》（覆堂《ふくどう》）です。中尊寺《ちゆうそんじ》（岩手県西磐井《にしいわい》郡平泉《ひらいずみ》町）にも、金色堂《こんじきどう》を保護するための立派な覆屋があります。

本殿に来た参拝者は、自《おの》ずと格子の間からなかを覗《のぞ》き見ることになりますが、覗くと、3棟の社《やしろ》があることがわかります。これは一般の神社の摂社・末社ほどの大きさで、これが日本で最古の神社建築です。

宇治上神社よりも古い、1060年以前の神社建築は残されていません。あったかもしれませんが、現存はしていません。私は、神社にはこのあたりの時代から社殿が建つようになったのではないかと考えています。詳しくは『日本人の神道』（ちくま新書）で論じていますので、そちらに譲りますが、神社の社殿がいつからあるのかは重要な問題です。

宇治上神社は祭神が定まっていますが、本殿が建設されたのは「延喜式神名帳」の完成から100年以上あとのことですので、創建時に祭神が定まっていたのかははっきりとしません。

さきほど、「延喜式神名帳」には祭神が記されていないと述べましたが、数は限られますが、祭神が明確に記載されている神社もあります。

『延喜式』巻4には「伊勢太神宮《いせのおおみかみのみや》」、すなわち伊勢神宮が登場し、3座と記されています。そのうちの1座は「天照太神」と祭神の名が示されていますが、残り2座の相殿《あいどの》（一緒に祀られた祭神）については記されていません。伊勢太神宮の次に出てくるのが「荒《あら》祭宮《まつりのみや》」です（21ページの図。第4章で詳述）。これは内宮の別宮《べつぐう》ですが、ここに「大神荒《おおかみのあら》魂《みたま》」と記されています。アマテラスの荒魂《あらみたま》（「あらたま」とも。神の荒々しく戦闘的な側面であり、荒ぶる魂）が祭神になるわけです。

さらに、「伊佐奈岐宮《いざなぎのみや》」では２座となっていて、「イザナキノミコト（伊弉諾尊）」１座、「イザナミノミコト（伊弉冊尊）」１座と記されています。

他の神社で、なぜ祭神が明記されていないのか。残念ながら、その理由は定かではありませんが、伊勢神宮においては、少なくとも10世紀はじめの段階でアマテラスを祀っていたことは明らかです。

男神か、女神か

では、アマテラスとはどういう神なのでしょうか。

アマテラスについて、私たちは通常、女神と捉えています。ところが、学問の世界では平安時代以降、アマテラスは男神ではないのか、と議論されてきました。確かに、『古事記』や『日本書紀』において、アマテラスが明確に女神であるとは記述されていません。

ただし１カ所だけ、女神と想像させるところがあります。『古事記』で、アマテラスが弟スサノオを「我が那勢《なせ》」と呼ぶところです。「那勢」は、女性が夫や弟など親しい人物を呼ぶ時に使う言葉です。アマテラスがスサノオを「那勢」と呼んでいるのであれば、アマテラスは女性と考えられます。しかし、アマテラスが女性である証拠はこれだけです。

いっぽう、アマテラスは高天原《たかまがはら》（神々が住まう天上界）でスサノオと対決する時、武装しており、勇ましい姿に描かれています。現在は男女平等であり、女性も戦争に行きます。その観点では、武装しているからといって、男性とは特定はできませんが、昔は力の強い男性でなければ、戦うには不向きでした。

アマテラスは天皇家の祖先であるとされていますが、アマテラスが女性であったとしたら、天皇家は女性から始まったことになります。近年、女性天皇や女系天皇について議論になっています。皇位継承に関する有識者会議において、アマテラスの性別は議題に上がりませんでしたが、掘り下げていくとどうなるか、念頭に置く必要があるかもしれません。

とはいえ、歴史的にはアマテラスは女神として扱われてきました。しかし、アマテラスがどのような姿をしていたかはわかりません。仏教における仏《ほとけ》の場合には、仏像という形で古代インドの時代から造られてきましたので、姿形《すがたかたち》を持っています。

ところが、神道における神は姿形を持たないものですので、描かれることがありませんでした。ただし、まったくなかったわけではなく、神像が多く造られた時期もありました。平安時代の８〜９世紀頃です。しかし、どの神を描いたものかわからないものがほとんどでした。男神像、女神像とはされているものの、それ以上の情報がないのです。

日本神話の特異性

アマテラスを含め、神がはっきりとした姿で描かれるようになるのは、おおむね江戸時代以降のことです。江戸時代には、神話を浮世絵によって描くことが行われました。そして明治時代になると、政府から神への信仰が強調されるようになったため、日本画家も洋画家も神像を描くようになりました。

神々が登場するのは「神話」であり、神話とは神々の物語です。神話は日本だけでなく、世界中に存在します。エジプト神話、ギリシア神話、北欧神話の他、中国や朝鮮半島にも、アフリカやオーストラリアの原住民とされている人たちにも固有の神話があります。

日本の神話は『古事記』と『日本書紀』にまとめられていますが、他の国では、必ずしも神話が1冊にまとめられているわけではありません。

たとえばギリシア神話の場合、1冊で全貌が明らかになるようなものは存在しません。現代の作家が全体をまとめることはあっても、昔から伝わっているものはありません。中国の場合は、征服した民族による王朝交替が繰り返されてきたため、伝承が途切れてしまい、まとまった神話が存在せず、断片的な形でしか残っていません。

ですから、日本のように『古事記』『日本書紀』という書物で神話が語られるのはかなり珍しいケースです。

問題は、神話と歴史がどうかかわるのか、あるいはどうかかわらないのかです。神話に書かれていることを、そのまま現代人が信じることは難しいでしょう。難しいけれど、他に文献がない時、民族の歴史を語るのに神話に依存するしかないという事情もあります。

世界史の教科書（高校）を見ると、ユダヤ教のところで預言者モーセが取り上げられています。モーセがエジプトに囚《とら》われていたユダヤの民《たみ》を率いて脱出し、最後には約束の地に辿《たど》り着いたというのです。しかし、はたしてモーセは実在したのでしょうか。

モーセは、キリスト教の聖典『旧約聖書』に登場しています。『旧約聖書』はユダヤ教の聖典『トーラー』をもとにしたものですが、そこにモーセが出てきます。しかし、モーセについて語っている史料はこれだけで、他にはありません。

モーセは紀元前13世紀頃の人物とされますが（『世界史用語集』山川出版社）、明らかに神話的な存在で、実在したとは考えられません。私は、モーセが世界史の教科書に出てくることに違和感を持っていますが、史料のない時代は神話に頼らざるを得ないとも言えます。

アマテラスの誕生

では、アマテラスの誕生について見てみましょう。

まず、天地開闢《てんちかいびゃく》によって、アメノミナカヌシやカミムスヒノカミ（神産巣日神）などが登場します。それらの神が消えたあと、イザナキとイザナミが現れます。古代は結婚制度がありませんから、夫婦と言えるかどうかわかりませんが、イザナキが男性、イザナミが女性です。

高天原の神々は、イザナキとイザナミに「この漂《ただよ》っている国をつくり固めよ」と命じて、天《あめ》の沼矛《ぬぼこ》を授けます。イザナキとイザナミが高天原と地上を結ぶ天《あめ》の浮橋《うきはし》に立ち、天の沼矛を下ろしてかき回すと、したたり落ちた潮《しお》が重なって島になりました。これが淤能《おの》碁呂島《ごろじま》です。イザナキとイザナミはそこに降《お》り立ち、天《あめ》の御柱《みはしら》を立てると、イザナキは左から、イザナミは右から回ります。すると、次々に島が生まれたのです。いわゆる「国《くに》生《う》み」です。

国生みに続いて、「神産《かみう》み」が行われます。しかしイザナミは、火の神であるヒノカグツチノカミ（火之迦具土神）を産み落とした際、その火に焼かれて死んでしまいます。ヒノカグツチは怒ったイザナキによって殺されてしまいます。またここで、難しい問題が出てきました。神の死です。『古事記』『日本書紀』ではほとんどの神は死にませんが、ここでは二柱の神が亡くなっています。死んだ神はその後どうなったのでしょうか。

イザナミは黄泉国《よみのくに》に行ったということになっています。イザナキはそこに行き、何とか地上に戻ってくれないかと説得するのですが、すでに黄泉国の食べ物を食べてしまったイザナミは、蛆《うじ》が湧《わ》く体になっていました。ここには、土葬のイメージが反映されています。

その姿を見たイザナキは恐ろしくなって逃げるのですが、イザナミは恥ずかしい姿を見られたと怒り、イザナキを殺そうと追いかけてきます。イザナキが何とか黄泉平坂《よもつひらさか》まで辿り着くと、黄泉国と地上とを隔《へだ》てるところに大きな岩を置いて道を塞《ふさ》ぎ、ようやく逃げ延びることができました。島根県松江《まつえ》市には、この黄泉平坂とされる場所があり（黄泉比良坂）、大岩もあります。

イザナミが亡くなったのですから、イザナキもいつかは亡くなったはずです。しかし、イザナキの死についての記述はなく、他の神の場合にもその後どうなったかもほとんど語られていません。

黄泉国から戻ってきたイザナキが穢《けが》れた身を浄《きよ》めると、次々に神が誕生します。イザナキが左目を洗うとアマテラスが、右目を洗うとツクヨミノミコト（月読命）が、鼻を洗うとスサノオが生まれました。普通の誕生の仕方ではないので、三柱《みはしら》の神を兄弟と考えるべきか、難しいところです。

イザナキは「自分は次々と子どもを産み、ついに三柱の尊《とうと》い子どもを得ることができた」と満足し、それぞれに役割を与えます。アマテラスには高天原を、ツクヨミには月は夜輝くということからでしょうか夜の食国《おすくに》を、スサノオには海原《うなばら》を支配するようにと命じます。

これらの役割のなかで地上の部分が欠けています。昼の国は誰が支配していたのかというと、ここでは決められていません。空白です。この空白があるがゆえに、天孫降臨《てんそんこうりん》という高天原から神が降《くだ》ることによって、地上の国を治めるというストーリーが展開されていきます。その伏線がここに張られているわけです。

なぜ大和に祀られなかったのか

問題は、なぜアマテラスが伊勢神宮に祀られたのかということです。

古代において、日本の中心は大和国《やまと》（奈良県）にありました。当初、斑鳩（奈良県生駒郡斑鳩町）などに都《みやこ》が設けられ、その後、飛鳥京《あすかきよう》（同県高市《たかいち》郡明日香《あすか》村）、藤原京《ふじわらきよう》（同県橿原《かしはら》市および明日香村）、平城京《へいじようきよう》（奈良市）などに移っていきました。もちろん、天皇も都にいました。

では、なぜアマテラスは大和に祀られず、わざわざ伊勢の地に祀られるようになったのでしょうか。考えてみると不思議なことです。

アマテラスが伊勢に祀られるまでの経緯は、『日本書紀』崇神《すじん》天皇紀に、次のように記されています。

もともと、アマテラスはヤマトノオオクニタマノカミ（倭大国魂神）と一緒に宮中で祀られていました。ヤマトノオオクニタマは大和《おおやまと》神社（奈良県天理《てんり》市）の祭神であり、名前に「倭」がついていることから、もともとは倭《やまと》の国にいた地主的な神と思われます。ところが、疫病が流行したり、農民が反抗したりして国が乱れた際、その原因は２つの神を同時に宮中で祀っている、言い換えれば、天皇の近くで祀っていることが原因ではないかと言われるようになり、２つの神を宮中から外に出すことになりました。

アマテラスはいったんトヨスキイリビメノミコト（豊鍬入姫命）に預けられ、倭の笠縫《かさぬいの》邑《むら》に祀られました。笠縫邑についてはさまざまな候補地が挙げられていますが、ほぼ現在の奈良県桜井市周辺に集中しており、宮中から離れていない場所であることがわかります。

いっぽう、ヤマトノオオクニタマは違う姫に預けられるのですが、この姫はだんだん髪が抜け落ちて痩《や》せ衰え、神を祀ることができなくなります。ヤマトノオオクニタマが強力な神であったということがうかがえます。

現在、神々はおとなしく各神社に祀られていますが、古代においては強い力を発揮しました。たとえば八幡神の場合、現在の宇佐《うさ》神宮（旧・宇佐八幡宮、全国に約4万社ある八幡宮の総本宮。大分県宇佐《うさ》市）に祀られるまで、各地を転々としています。その間に神の心が荒れると、祀っている人間のなかに殺されてしまう者が多数出たとの伝承も残っています。

本当に起こったことかはわかりませんが、少なくとも古代の人たちにとって、神とは必ずしも恵みをもたらしてくれる存在ではありませんでした。災《わざわ》いをもたらす危険性があり、祀り方を工夫しなければならない存在だったのです。

その後、垂仁《すいにん》天皇の時にアマテラスはヤマトヒメノミコト（倭姫命）に預けられます。なぜ祀り手が替わったか、その事情は書かれていませんが、おそらくトヨスキイリヒメがうまく扱うことができなかったので、交代したのでしょう。

ヤマトヒメは、アマテラスを祀るために大和国から近江《おうみ》国（滋賀県）に行き、美濃《みの》国（岐阜県南部）に行きます。そこから伊勢《いせ》国（三重県東部）に行きます。なぜか回り道をしています。ヤマトヒメが伊勢国に着くと、アマテラスは「是《こ》の神風《かむかぜ》の伊勢国は、常世《とこよ》の浪《なみ》の重浪《しきなみ》帰《よ》する国なり。傍国《かたくに》の可怜《うま》し国なり。是の国に居《お》らむと欲《おも》ふ」と言います。「傍国」は「とてもいい国」、「可怜し国」は「豊かな国」の意味です。

つまり、伊勢の地が気に入ったのでこの国にいよう、と言ったのです。確かに、伊勢は風光明媚《ふうこうめいび》ですし、農産物だけでなく、海産物にも恵まれています。アマテラスが気に入っても不思議ではありません。実際、伊勢の産物が神饌《しんせん》（神に捧げる供物）として、アマテラスに捧げられてきました。

この豊かな国に神が鎮座するということは十分にありうることです。しかし、伊勢と大和は現在では道が整備され、夜通し歩けば1日で行ける距離ではありますが、けっして近くありません。昔は山道を行くしかありませんでした。しかも、1869（明治2）年に明治天皇が参拝するまで、代々の天皇は誰ひとりとして伊勢神宮に参拝していません。なぜでしょうか。

天皇が参詣しなかった理由

天皇家では、現在の宮中三殿《きゅうちゅうさんでん》（賢所《かしこどころ》、皇霊殿《こうれいでん》、神殿《しんでん》）のもととなる賢所において、皇祖神《こうそしん》としてアマテラスを祀ってきました。そこで礼拝することで済ませてきたとも言えます。しかし、少なくとも１８００年以上、歴代の天皇が誰も伊勢神宮に参拝していないという事実は、どのように説明したらよいのでしょうか。

私は、アマテラスの力を恐れたのではないかと考えています。天皇が伊勢に近づく、つまりはアマテラスに近づくことは危険だと考えられていたのではないでしょうか。それだけ、祀ることが難しい神だったわけです。

実は、明治天皇の父親の孝明《こうめい》天皇の時代に、伊勢神宮への参拝が計画されました。しかし、孝明天皇が亡くなったために実現しませんでした。そして明治になり、天皇を中心とした近代国家をつくろうという時に、天皇の権威のもとが伊勢神宮に祀られたアマテラスにあることを明確にするために、天皇が伊勢に参拝することが重要だと考えられたのです。

これは明治天皇自身が考えたことではなく、周囲の人間が考えたことでしょう。これまでのことを考えると、明治天皇がそれを危険だと考えても不思議ではありませんが、おそらく当時18歳（数え年）と若かったため、そのあたりの事情がよくわかっていなかった可能性があります。結局、周りに言われるままに参拝しました。このことは伊勢神宮の歴史、あるいは天皇家の歴史を考えるうえで重要なことだと思います。

天皇が伊勢神宮に参拝しない代わりに、「斎宮《さいぐう》（斎王《さいおう》）」の制度が設けられました。天皇が即位するたびに、内親王《ないしんのう》や女王《じょおう》など未婚の皇女ひとりが斎宮に選ばれ、肉や酒を断《た》ち、身を浄める精進潔斎《しょうじんけつさい》を3年間行います。その後、伊勢神宮に行き、アマテラスを祀る役割を果たすのです。斎宮が存在することで、天皇とアマテラスの間にワンクッション置いたことになります。

現在、この制度は廃止されていますが、今でも天皇家に連《つら》なる元内親王などが、伊勢神宮の祭祀を司《つかさど》ることは行われています。その意味では、斎宮の伝統は消えていないと言えます。

昔は譲位が当たり前のように行われていましたから、そのたびに斎宮も交代しました。斎宮を経験した皇女はその後、生涯にわたって独身を貫《つらぬ》くことが多かったようです。キリスト教における修道女のような生活を送ったわけです。斎宮が生涯独身を貫いたということは、人身御供《ひとみごくう》のような存在だったとも考えられます。ただ、斎宮にもかかわらず、男性との関係を結んでしまったなど、さまざまな事件や騒動が起こりました。

内宮と外宮の謎

では、外宮に祀られているトヨウケにはどのような対応をしたのでしょうか。

実は、『日本書紀』には外宮が登場しません。ということは、あまり重要視されていなかった可能性が出てきます。

「等由気太神宮儀式帳《とゆけだいじんぐうぎしきちょう》」という史料があります。これは、外宮の神職が祭事の由来などを記したもので、「等由気《とゆけ》」はトヨウケ（豊受）と同じ意味です。内宮にも「皇太神宮儀式帳《こうたいじんぐうぎしきちょう》」が伝わっています。共に804（延暦《えんりゃく》23）年に太政官《だいじょうかん》に提出され、合わせて「延暦儀式帳《えんりゃくぎしきちょう》」と呼ばれますが、伊勢神宮に伝わる史料のなかでもっとも古く、信頼できるものとされています。

「等由気太神宮儀式帳」には、雄略《ゆうりゃく》天皇の夢にアマテラスが現れる話が出てきます。現在の感覚では、夢で見たことはあくまで夢にすぎず、現実ではありませんが、昔の人たちは江戸時代くらいまで、夢で起こったことは真実であるという感覚を持っていました。

アマテラスは、雄略天皇の夢のなかで「五十鈴川《いすずがわ》の川上に鎮座しているが、ひとりでは心もとない、食事も十分に摂《と》れない。だから、丹波《たんば》国（京都府中部および兵庫県東部）の比《ひ》治《じ》の真奈井《まない》にいるトヨウケを呼んで、自分の食事を司る御饌都神《みけつかみ》にしてほしい」という託《たく》宣《せん》（神が人に乗り移ったり夢に現れたりして告げる意志。神託《しんたく》とも）を下します。

食事を司るわけですから、言わばシェフです。つまり、シェフを呼んでほしいという要望をアマテラスが託宣したために、外宮に祀られたというのです。これは社伝であり、他に外宮の創建について述べた史料がないため、確かめようがありません。

ただ、アマテラス（内宮）にトヨウケ（外宮）が仕えるという関係性から考えると、内宮が上で外宮が下ということになります。のちに、外宮はこの状況を何とか変えようとさまざまな努力をしています。

これが、伊勢神宮が内宮と外宮に分かれている理由です。しかし、ここで語られた経緯が真実であるかはわかりません。内宮と外宮がすでに存在していて、なぜ2つあるのかを説明するために、このような話が作られた可能性もあります。

伊勢神宮については、それが皇祖神を祀る重要な神社なので多くのことが明らかになっていると思われるかもしれませんが、さまざまな謎があります。本章ではそのすべてについて触れることができませんでしたが、以降の章でも触れていきます。

次章ではアマテラスの弟、スサノオについて見ていきます。

第2章
氷川神社、八坂神社とスサノオ

不思議な神道

神道は日本固有の民族信仰であり、自然信仰から始まりました。それが次第に発展し、平安時代には神祇《じんぎ》制度が整《ととの》います。仏教などの影響も受けた鎌倉時代以降は伊勢神道《いせしんとう》、唯一神道《ゆいいつしんとう》（吉田神道《よしだしんとう》）などの理論も生まれました。その特徴を一言で言えば、開祖もいなければ、教典もなく、救済もありません。ないない尽くしの宗教です。

現在、神道を専門に研究・教育している大学は、國學院大學（本部・東京都渋谷区）と皇學館大学（本部・三重県伊勢市）の2つです。神職の資格を得るためにはどちらかの大学に行くことが多いのですが、戦前には、東京帝国大学（現・東京大学）に神道学科がありました。

しかし戦後、神道が国家と結びついてはならないというGHQ（連合国軍最高司令官総司令部）の方針のもと、神道学科は廃止され、私が卒業した宗教学科に吸収されることになりました。だからといって、神道の研究が宗教学科で盛んに行われてきたわけではありません。

國學院大學と皇學館大学で行われている研究は、「神道学」と言ったほうがいいでしょう。仏教には各派の学問「宗学《しゅうがく》」が、キリスト教には「神学《しんがく》」があり、それぞれ教祖の教えや教典を学び、研究しています。しかし神道の場合、前述のように教典もなく、宗派に分かれていませんから、宗学にはなりません。ですから、神道の信仰を背景に、その信仰を持っている人たちが研究するのが神道学と捉えていいのではないかと思います。

もちろん、神道学は学問ですから、史料にもとづいて客観的に研究を進めるわけですが、神社界との関係も深いですし、神道学を教える目的は神職を養成することにありますから、神社界の動向やあり方と密接に結びつかざるを得ない事情もあります。

それに対して、神社界とは必ずしもかかわらず、より広い範囲から研究していく客観的なものを「神道研究」と名づけるとすると、神道学と神道研究は性格が異なるものとなります。

神道についての一般向け書籍としては、宗教学者の島薗進《しまぞのすすむ》さん（東京大学名誉教授）の『教養としての神道――生きのびる神々』（東洋経済新報社）があります。島薗さんは東大の宗教学科で、私の５歳上の先輩にあたります。島薗さんや私が行っているのは、神道学ではなく、神道研究ということになります。

スサノオを祀る3系統の神社

このようなことを踏まえて、スサノオとそれを祀る神社について説明していきます。たまたまこの講義を行っている場所（NHK文化センター さいたまアリーナ教室）に近いということで、まずは氷川《ひかわ》神社（さいたま市）を取り上げます。氷川神社のホームページには、次のようにあります（ふりがなは筆者が加除。以下、引用は同様）。

> 氷川神社は社記によると今から凡《およ》そ二千有余年第五代孝昭《こうしょう》天皇の御代3年4月未の日の御創立と伝えられます。第十二代景行《けいこう》天皇の御代、日本武尊《やまとたけるのみこと》は東夷《とうい》鎮定の祈願をなされたと伝わっております。第十三代成務《せいむ》天皇の御代には出雲《いずも》族の兄多毛比《えたもひ》命《みこと》が朝廷の命《めい》により武蔵国造《むさしのくにのみやつこ》となって当社を奉崇《ほうすう》し、善政を敷かれてから益々《ますます》当社の神威《しんい》は輝き格式を高めたと伝わります。第四十五代聖武《しょうむ》天皇の御代には武蔵一《むさしいちの》宮《みや》と定められ、第六十代醍醐《だいご》天皇の御代に制定された延喜式神名帳には名神大社《みょうじんたいしゃ》として、月次新嘗《つきなみにいなめ》案上の官幣《かんぺい》に預かり、又《また》臨時祭にも奉幣《ほうへい》に預かる等、歴朝の崇敬《すうけい》を殊《こと》の外《ほか》厚く受けてまいりました。武家時代になっても、鎌倉・足利《あしかが》・北条《ほうじょう》・徳川《とくがわ》氏等

相次いで当社を尊仰《そんぎょう》し、社殿の再建や造営を行っております。

（氷川神社「氷川神社について」）

2行目に「第十二代景行天皇の御代、日本武尊は東夷鎮定の祈願をなされた」とあるように、氷川神社は、ヤマトタケルノミコト（倭建命）が祈願をしたことにその由緒を求めています。ヤマトタケルは『古事記』『日本書紀』で詳しい物語が記されていますが、そのなかに氷川神社で祈願をしたと思われる記述は、私が見た限りではありません。

『古事記』では、暴力的なヤマトタケルを父の景行天皇が恐れて、各地の種族を討伐するために送り込む話が展開されています。景行天皇は、ヤマトタケルがひとつの地域を討伐すると、すぐに別の地域の鎮圧を命じたため、ヤマトタケルは、「自分は父に疎《うと》まれており、父は自分が死ねばいいと思っているのではないか」と嘆《なげ》く話も出てきます。この物語は、歌舞伎俳優の市川猿之助《いちかわえんのすけ》さん（三代目）が始めたスーパー歌舞伎の演目としても知られています。

ところが、『日本書紀』になると、ヤマトタケルが父に疎まれた話はまったくなく、父の命令に従う忠実な息子として描かれています。

ただ、氷川神社の祭神はヤマトタケルではなくスサノオです。神社は同じ神を祀っていても、系統が異なる場合があります。スサノオを祀る神社も、次の3系統に分かれています。

ひとつは、第1章で触れた八坂神社で、その特徴はかつては牛頭天王《ごずてんのう》を祀っていたことです（後述）。2つ目が、氷川神社です。3つ目が、出雲から勧請《かんじょう》（神仏の分身・分霊を他の地に移して祀ること）されたスサノオを祀る須賀《すが》神社、八雲《やくも》神社、出雲《いずも》神社です。

氷川神社は、埼玉県や東京都に住んでいる人は身近にありますから、数が多いと思われるかもしれませんが、実は鎮座する地域はかなり限られています。約280社のうち埼玉県に162社、東京都に59社、茨城県・栃木県・北海道に各2社、神奈川県・千葉県・鹿児島県などに1社です。ほとんどが関東、しかも埼玉県と東京都に集中しています。北海道の場合には、そうした地域から開拓民として入った人が建立《こんりゅう》したのではないかと推察されます。

龍神信仰

53ページの図は、氷川神社と氷川女體《ひかわにょたい》神社（さいたま市）の位置と周辺を表したものです。地域でもっとも社格の高い神社を「一宮《いちのみや》」と言いますが、武蔵国《むさし》（東京都、埼玉県、神奈川県の一部）では、氷川神社、氷川女體神社、小野《おの》神社（東京都多摩《たま》市）らが一宮であり、なかでも氷川神社と氷川女體神社が並び称されてきました。

氷川神社はスサノオを、氷川女體神社はその妻であるクシナダヒメ（櫛名田比売）を祭神として祀っています。

図からは、この2つの神社が見沼《みぬま》（埼玉県さいたま市、川口《かわぐち》市付近）という、かつて存在した広大な沼に面するように鎮座していることがわかります。見沼は現在、埋め立てられて住宅地になっていますが、以前はかなり大きな領域を占めていました。氷川神社や氷川女體神社に行くと、沼の跡を感じることができます。

見沼から利根川《とねがわ》に目を向けると、香取《かとり》神宮（千葉県香取市）があります。香取神宮は、鹿島《かしま》神宮（茨城県鹿嶋《かしま》市）と対《つい》になるように鎮座していますが、かつては利根川を挟《はさ》んで対岸に鎮座するという位置関係にありました。

香取神宮系統の香取神社は埼玉県に119社、茨城県に214社、千葉県に71社、東京都に15社を数えます。香取神社が鎮座する地域は元荒川《もとあらかわ》に面しています。つまり、元荒川の東が香取神社、西が氷川神社と、同じ河川流域で2つの異なる信仰が共存し、棲《す》み分けをする形になっているのです。

神社の創建については、歴史的に振り返ってもよくわからないところがあります。たとえば、香取神宮にはフツヌシノカミ（経津主神）が祀られていますが、この神は春日《かすが》大社（奈良市）にも祀られています。春日大社は第一殿に鹿島神宮の祭神タケミカヅチノカミ（建御雷神）を、第二殿に香取神宮の祭神フツヌシを祀っています。春日大社は藤原《ふじわら》氏の氏神《うじがみ》でしたが、なぜ両神宮の神を祀っているかは大きな謎であり、今なおその謎は解けていません。藤原氏はもともと鹿島神宮が鎮座する地域にいたという説もありますが、これは証明されていません。

同様に、氷川神社の由来も明確ではありません。氷川神社にはもともとはヒカワという神が鎮座しており、その名は出雲《いずも》国（島根県東部）の簸川《ひのかわ》（現・斐伊川《ひいかわ》）から来ているという説があります。また、氷川神社は斐伊《ひい》神社（島根県雲南《うんなん》市）から勧請されたとする説も

氷川神社と氷川女體神社の位置

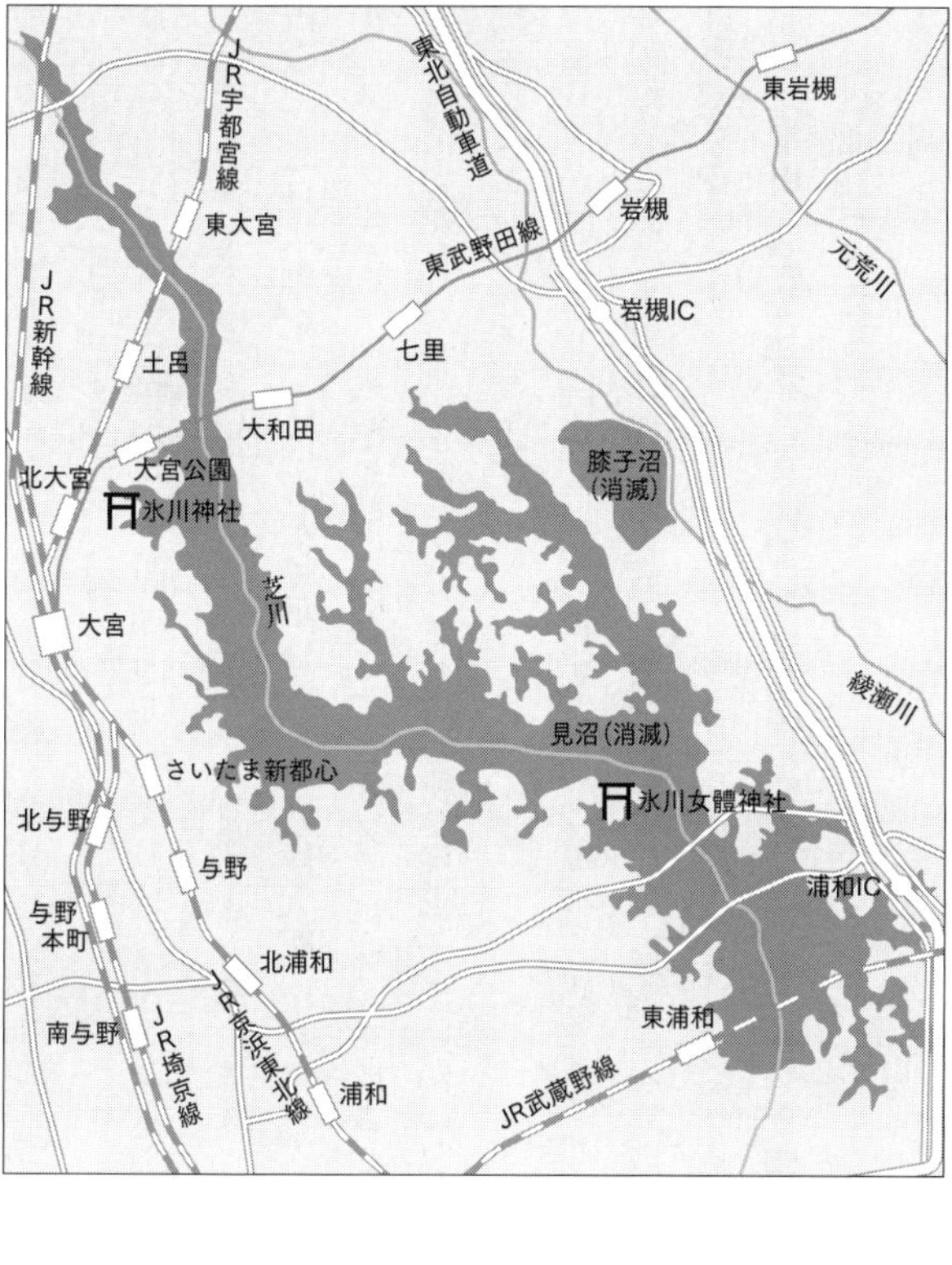

あります。斐伊神社の近くに、スサノオが八俣大蛇《やまたのおろち》を退治したあとに頭部を埋めたところから生えた八本杉があるからです。

全国各地に、龍や大蛇を祀る龍神《りゆうじん》信仰がありますが、八俣大蛇伝説もそのひとつです。龍や大蛇は水、あるいは洪水を象徴していると考えられます。

『古事記』『日本書紀』には姫が毎年ひとり、八俣大蛇に人身御供として捧げられてきたなか、スサノオが八俣大蛇を酒に酔わせてズタズタに切って成敗し、姫を救う物語があります。八俣大蛇とは洪水を指し、スサノオの物語は洪水をいかに収めるかを意味していると捉えることができそうです。

つまり、かつての北関東では利根川や荒川の流域で絶えず洪水が起こり、それを収める・鎮めるために氷川神社が祀られ、祭神は洪水＝八俣大蛇を成敗したスサノオとなったと推察できるのです。

なお、氷川女體神社など女體神社は全国に25社ありますが、女體（体）も蛇と関係をしている可能性が考えられます。

乱暴者か、英雄か

スサノオは、神話でどのように描かれているのでしょうか。

第1章のおさらいになりますが、黄泉国に行ってしまったイザナミを追ったイザナキが、穢れを祓《はら》った時に生まれたのがアマテラスであり、ツクヨミであり、スサノオでした。スサノオは、父イザナキから海原を支配するようにと命じられるのですが、亡くなった母イザナミが恋しくなり、母のいる黄泉国に行くことを願います。相当なマザコンとして描かれていますね。

スサノオは黄泉国に行くことを報告するために、姉アマテラスのいる高天原に昇るのですが、そこで乱暴狼藉を働きます。スサノオは暴力的な一面を持っており、そのことが、八俣大蛇との戦いにも深くかかわっています。スサノオと八俣大蛇は成敗する・成敗される関係にありますが、両者共に暴力性、つまり自然が大きく荒れた時の象徴として描かれていると思われます。

アマテラスはスサノオが高天原を奪いに来たと警戒し、武装して彼を迎えます。第1章で触れたアマテラスの武装は、この時のことです。スサノオは誤解を解くために、誓約《うけい》を提案します。「アマテラスとスサノオの誓約」の場面です。誓約とは古代における占いのことで、その結果により正邪、吉凶などを判断しました。

誓約の内容は、おたがいが産み出した神の性別によって潔白を証明するというものでした。まずスサノオから、自分の十拳剣《とつかのつるぎ》をアマテラスに渡します。アマテラスはそれを嚙《か》み砕《くだ》くと、吹き出した息の霧から三柱の女神が生まれました。次にスサノオは、アマテラスが身に着けていた珠《たま》を受け取って嚙み砕き、吹き出した息の霧から五柱《いつはしら》の男神が生まれました。スサノオは、これによって疑いが晴れたと主張します。

しかし、直後にスサノオはふたたび暴力を振るったため、神々の協議によって罰を下され、追放されてしまいます。昔の刑罰は、身体に対して損傷を与える残虐なものが多くありますが、スサノオは髭《ひげ》を切られ、手足の爪を抜かれたうえに財産も奪われました。そして、出雲へ追放となり、揖斐川《いびがわ》の上流にある鳥髪《とりかみ》というところに降り立ちました。

ここから、出雲におけるスサノオの物語が始まります。

揖斐川の川上から箸《はし》が流れてくるのを見たスサノオは、上流に向かいます。すると、おじいさんとおばあさんが娘を挟んで泣いていました。スサノオが理由を問うと「今年は娘のクシナダヒメが八俣大蛇の餌食《えじき》になる番だ」と言うのです。また、「八俣大蛇とは頭が8つもある大蛇で、毎年来ると娘をひとり食べてしまう」とも訴えるのです。

これを聞いたスサノオは「もし八俣大蛇を退治することができたら姫と結婚させてほしい」とおじいさんとおばあさんに約束させると、八俣大蛇の退治に向かいます。

クシナダヒメは、その名前が示すように櫛《くし》に変身できました。スサノオは櫛になったクシナダヒメを頭に挿《さ》すと、強い酒を用意させて8個の酒舟に注がせます。八俣大蛇は8つの頭がひとつずつ酒を飲むと、酔いつぶれてしまいます。その隙《すき》にスサノオは持っていた十拳剣を振って、大蛇を切り刻《きざ》みました。すると尾から太刀《たち》が出てきました。スサノオはアマテラスに事情を説明したうえで、これを献上しました。これが、三種の神器のひとつ「草薙剣《くさなぎのつるぎ》」です。

スサノオは見事に八俣大蛇を退治して、約束通りクシナダヒメを娶《めと》りました。物語はいったんここで終わります。その後、クシナダヒメはスサノオの子どもを産むのですが、スサノオは別の女神とも結婚して子どもを儲《もう》けます。子どもたちの6代あとの子孫がオオクニヌシです。

八俣大蛇を洪水と見るならば、スサノオはどこからか出雲に来て洪水を鎮め、その功績によって政治上の権力を握った人物と捉えることもできます。しかし、神話が現実の歴史を反映しているか否かは証明できませんから、これはあくまで推測です。

ところで、ここまで紹介した物語は『古事記』であり、『日本書紀』ではスサノオとオオクニヌシ関係が異なったものになっています。

渡来人が祀った神々

『日本書紀』では、スサノオとクシナダヒメと結婚するところまでは同じですが、その間に生まれたのがオオナムチノカミ（漢字名などについては78〜79ページで詳述）になっています。オオナムチはオオクニヌシの別名です。つまり『日本書紀』では、オオクニヌシはスサノオの子どもになっているのです。

『日本書紀』では、本文とは別に「一書《いっしょ》」として、他の伝承が列挙されています。一書はひとつとは限らず、11個も並んでいることがあります。この場合、本文も含めて12の異なる伝承が存在することになります。今の学術書のような体裁を取っているわけです。『日本書紀』の編纂者は、さまざまな伝承があっていずれが正しいかを判定することが難しいため、すべて掲載しておこうとしたのかもしれません。『古事記』にはこのようなことはなく、一貫した物語として描かれている分、読みやすくなっています。

しかし、一書のなかには本文に出てこない話が出てくることもあり、これが注目される伝承であったりします。スサノオに関しても、重要なことが一書に出てきます。

たとえば、一書第四には次のように記述されています。――高天原から追放されたスサノオは出雲に行くのではなく、自分の子どものイタケルノカミ（五十猛神）を率いて朝鮮半島の新羅国《しらぎ》（新羅）に天降《あまくだ》り、曽尸茂梨《そしもり》に住む場所を設けた。しかし、スサノオは曽尸茂梨が気に入らず、「こんなところにはいたくない」と、いつものわがままを言い出して、舟を使って東に向かうと、倭《やまと》の国に来て出雲の簸川の川上に至った――。

これですと、スサノオはアマテラスと同じく高天原の神であることには変わりませんが、新羅を経由していますから、朝鮮半島から来た渡来人《とらいじん》たちが祀っていた神のひとつとも考えられます。

日本の神々を考える際、渡来人の存在はとても重要です。その代表が八幡神です。八幡神は、前述のように『古事記』『日本書紀』には出てきません。そこからして、日本に土着の神ではないことがわかります。八幡神を祀る宇佐神宮に伝わっている史料には、九州北部に住んでいた渡来人たちが祀っていた神が八幡神であるとされています。

もうひとつ、渡来人が祀った神として重要なのが、しだれ桜で有名な平野《ひらの》神社（京都市）の祭神である今木《いまき》（来）神《しん》です。これは「今来たばかりの神」を表しています。

もともと桓武《かんむ》天皇の母親・高野新笠《たかののにいがさ》が平城京に祀っていた神祠《しんし》を、平安京《へいあんきょう》（京都市）遷都にともなって移築されたのが、平野神社と言われています。新笠は百済《くだら》系渡来人の和《やまと》氏出身です。つまり、新笠を経由して天皇家に渡来人の血が混じるようになったわけです。現在の天皇も、皇太子の時代にそのことを指摘していましたね。

平野神社では現在、今木皇大神《いまきのすめおおかみ》を今木皇大神と称しています。「皇」という言葉が入っていますから、天皇家とのかかわりを強調しているわけです。

これらの例からも、スサノオが新羅に天降り、そこから出雲へ行ったという記述はその正体を考えるうえで重要なポイントになることがわかります。また、スサノオは変幻自在な神であり、さまざまな存在と習合《しゅうごう》しています。このことについては、氷川神社とは別にスサノオを祀る八坂神社の系統で見ていきましょう。

牛頭天王

京都の祇園に鎮座する八坂神社は第1章で触れたように、明治時代より前は祇園社の名で知られていました。現在の八坂神社では、スサノオ、妻クシナダヒメ、その子どもたちを祭神として祀っていますが、祇園社の時代は牛頭天王とその妻子が祀られていました。

牛頭天王を描いた絵や坐像を見ると、頭の上には牛の頭が載っています。牛頭天王がいかなるものであるか、さまざまな人たちがさまざまな形で論じていますが、よくわかっていないというのが正直なところで、不思議な存在です。「天王」となっているので、天皇・朝廷との結びつきが考えられます。

牛頭天王は、渡来神としてのスサノオに関係するとされています。実際、牛頭天王のお札《ふだ》には「牛頭天王ト申スハ素戔嗚尊ナリ」とあります。前述のように、スサノオが高天原を追放されたあと、新羅の曽尸茂梨を居住地とした伝承がありますが、韓国語において、曽尸茂梨の「ソ」は「牛」を、「モリ」は「頭」を意味していると言われます。つまり、曽戸茂梨＝牛頭であるというのです。しかし、古代の韓国語の表記は現在とは異なりますから、そうではないという説もあり、はっきりしません。

また、韓国ソウルの東北東など、各地に「牛頭山」と呼ばれる墳丘が実在しており、牛頭天王との関係も言われています。

牛頭天王は、コロナ禍で注目された蘇民将来《そみんしょうらい》の伝説とも結びついています。八坂神社で配られる厄除《やくよ》けの護符のひとつに「蘇民将来之子孫也」があります。ちなみに護符には紙や木の札もあれば、こけしのような形をしたもの、「急々如律令」と書かれているものもあります。このような札は全国に広がっており、祇園信仰において重要な役割を担っています。

蘇民将来とは人物の名前で、「蘇民」が名、「将来」が姓です。日本の姓名とは逆になっています。蘇民将来は、武塔神《むとうしん》という、やはり正体不明の神の話のなかに出てきます。概要を記します。

――北海の神だった武塔神が結婚相手を探すために南の海を訪れます。旅の途中で将来兄弟に宿を求めたところ、金持ちの弟・巨旦《こたん》は断《ことわ》りますが、兄・蘇民は貧しかったにもかかわらず宿を用意して食事まで提供しました。武塔神は恩に感じ、数年後にふたたび蘇民を訪れます。そして「自分はスサノオである。疫病が流行した時には『蘇民将来の子孫である』と言って、茅《ち》の輪《わ》を腰につければ免《まぬか》れることができる」と言い残していきました。その後に疫病が蔓延《まんえん》した時、茅の輪を腰につけることで蘇民の一族は疫病を免れることができましたが、巨旦の一族は疫病に斃《たお》れました――。

「茅の輪」とはイネ科の植物・茅《ちがや》で作った輪のことです。茅は出てきませんが、これと似た話は『旧約聖書』にもあります。ユダヤ教でもっとも重要な過越祭《すぎこしのまつり》（小羊や種なしパンを食べて出《しゅつ》エジプトに関する物語を読む）にかかわるもので、そこから日本人とユダヤ人は祖先を同じくしているという説が唱えられたりしますが、似た物語が異なる民族に伝えられていることは珍しくありません。

重要なことは、スサノオと武塔神が習合している点です。この物語を背景にして、スサノオが蘇民将来と習合することになっていきました。私たちは、アマテラスとスサノオ、スサノオとオオクニヌシは別であるというように、神々を分けて考えますが、昔の人たちの捉え方はそうではありませんでした。同一視することに違和感がなかったのです。

『古事記』では、出雲について詳しく語られています。たとえば、出雲に至ったスサノオは当初、さまざまな試練に遭うのですが、それを克服すると、今度はオオクニヌシに試練を与える役割を果たすようになります。スサノオとオオクニヌシは、出雲で試練を克服していくという共通項を持ち、両者が重なり合ってくるわけです。そこで問題になるのが、出雲大社の祭神です。

出雲大社はスサノオを祀っていた⁉

現在、出雲大社の祭神はオオクニヌシであり、古代も同様です。しかし、その中間の時代、すなわち中世においてはスサノオだったという説があります。

このことにかかわるのが、出雲大社から見て北東に位置する鰐淵寺《がくえんじ》（島根県出雲市）です。天台宗《てんだいしゅう》の鰐淵寺は、594（推古2）年に創建（推定）されました。山中にあって「浮浪《ふろう》の滝」の下にお堂があります。私も一度行ったことがありますが、風光明媚なところです。

中世において、鰐淵寺は出雲大社と密接な関係にありました。当時は神仏習合《しんぶつしゅうごう》（第4

章で詳述）の時代で、神（神社）と仏（寺院）が一体化していました。鰐淵寺は出雲大社と結びつき、出雲大社の信仰に対しても影響を与えたものと考えられます。

鰐淵寺に伝わる『出雲国《いずものくに》浮浪山《ふろうざん》鰐淵寺《がくえんじ》略縁起《りやくえんぎ》』には、次のように記述されています。

――釈迦がはじめて『法華経《ほけきょう》』を説いたとされるインドの山の一部が欠《か》けて漂っていたのを、杵築《きづき》大社の祭神スサノオが引き寄せて国づくりをした。その場所が浮浪山であり、浮浪山とは海に漂っていた山塊《さんかい》を意味する。そして、浮浪山の麓《ふもと》に神社を建てた。杵築大社と鰐淵寺は、スサノオを介してつながっている――。

杵築大社とは出雲大社の旧名です。この記述から、中世には出雲大社の祭神がオオクニヌシからスサノオに変えられていたことが考えられます。

その証拠として持ち出されるのが、出雲大社の銅の鳥居です。この鳥居は１６６６（寛《かん》文《ぶん》6）年、毛利《もうり》氏16代当主・毛利綱広《つなひろ》が寄進《きしん》したものですが、そこには「素戔嗚尊者雲陽大社神也（スサノオノミコトは雲陽《うんよう》大社の神なり）」と刻まれています。雲陽大社を出雲大社とすれば、出雲大社の祭神は当時スサノオだったことになります。

ただ、古代文学・伝承文学研究の第一人者である三浦佑之《みうらすけゆき》さん（千葉大学名誉教授）

は、――この文章のなかには雲陽大社とは別に出雲大社のことが出てくる。2つの神社が違う名前で呼ばれるはずはなく、雲陽大社は出雲地方のもうひとつの有力神社である熊野《くまの》大社（島根県松江市）を指している――と述べています。

熊野大社の祭神は古来、スサノオです。私も三浦さんが指摘するように、鳥居の銘文はスサノオが出雲大社の祭神であることを示しているのではないと考えています。

では、鰐淵寺の伝承はどのように解釈したらよいのでしょうか。

鰐淵寺はこの記述をもとに、出雲大社の祭神はスサノオであると主張したと思われます。しかし、そのことが多くの人たちに共有されたかというと疑問です。出雲大社がスサノオを祭神としていた証拠は銅の鳥居以外にないわけですから、鰐淵寺の主張と出雲大社の主張が異なっていた可能性も考えられます。つまり、出雲大社の祭神はずっとオオクニヌシであったと考えるほうが、事実に即しているようにも思えます。

神とは直接、姿を現さない存在です。それがどの神であるかを決めるのは、あくまで人間の側です。人によって異なる祭神を主張したとしても、どちらが間違っているか、キリスト教のように「公会議《こうかいぎ》」を開いて教義などを定めるわけではないので、神道の世界では明確にできないのです。

祇園祭の謎

さらにここからは、祇園信仰とスサノオの関係について見ていきます。

祇園信仰の中心・八坂神社が主催する祇園祭《ぎおんまつり》は、艶《あで》やかな33基の山鉾《やまぼこ》が街を練り歩く山鉾巡行で知られています。巡行は7月17日・24日の2回にわたって行われ、その前の3日間は宵山《よいやま》と呼ばれます。宵山の期間中、町内にそびえ立つ山鉾には提灯《ちょうちん》に灯《あか》りが灯《とも》され、「コンチキチン」の祇園囃子《ぎおんばやし》も奏《かな》でられます。いかにも観光のための祭のように思われるかもしれませんが、もともとは疫病を祓うために行われました。

７９４（延暦13）年、桓武天皇が平安京を開くと、大規模な都市が形成されていきました。多くの人が集まり、密集して生活するようになっていきます。しかも、現在は埋め立てられていますが、かつては巨大な巨椋池《おぐらいけ》（京都府京都市、宇治市、久世《くぜ》郡久御山《くみやま》町）がありました。京都は山に囲まれた盆地ですから、大きな池があれば、ジメジメした状態になり、さまざまな細菌やウイルスが繁殖しやすくなります。

こうして、京都では疫病が繰り返し発生するようになり、そのたびに怨霊《おんりょう》による祟《たた》りと考えられました。怨霊のなかには、冤罪《えんざい》や無実の罪で処刑された人たちが含まれており、彼らはそのことを恨《うら》み、それが疫病として現出した。当時の人々はそう考えました。そして、怨霊の恨みを鎮めて御霊《ごりょう》として祟りをなさないようにする、そのために行われたのが御霊会《ごりょうえ》であり、祇園祭のもととなりました。

平安時代に編纂された史書『日本三代実録《にほんさんだいじつろく》』は、清和《せいわ》・陽成《ようぜい》・光孝《こうこう》の3天皇の時代（858〜887年）を記述したものですが、863（貞観5）年のところに、神泉苑《しんせんえん》（京都市）で最初の御霊会が行われたと記載されています。

鎮める対象となったのが、崇道《すどう》天皇（早良《さわら》親王。桓武天皇の異母弟で桓武天皇即位と共に皇太子となったが、藤原種継《たねつぐ》暗殺事件に連座して廃太子。配流《はいる》途次に死去後、崇道天皇の名を追贈される）、伊予《いよ》親王（桓武天皇の皇子。謀反の疑いをかけられて母と共に幽閉後、服毒自殺）、橘逸勢《たちばなのはやなり》（橘諸兄《もろえ》の曽孫にして、空海《くうかい》・嵯峨《さが》天皇と共に三筆《さんぴつ》のひとり。承和《じょうわ》の変を企《くわだ》てたとして配流される途中で死去）などです。

御霊会では経《きょう》を上げて楽《がく》を奏《そう》し、物真似などの技芸も披露されたと言いますから、最初からエンターテインメントの要素も持っていたようで、今日の祇園祭にも通じます。まず怨霊を楽しませて満足させ、最後に祓う形式が取られたのかもしれません。ただ、この御霊会は祇園御霊会ではありません。

最初の御霊会から6年後、ふたたび天下に疫病が流行します。朝廷の命を受けた卜部日良麻呂《うらべのひらまろ》が、当時の諸国の数66にちなんで66本の鉾を立て、神輿《みこし》を神泉苑に送って祀ったことが、祇園御霊会の始まりとされます。以降は毎年6月の7日・14日に開かれるようになり、９９９（長保元《ちょうほう》）年からは、山鉾の巡行も始まったとされています。

14世紀になると、貴族の日記に祇園御霊会における鉾の記述が出てきますから、この頃に盛んに行われていたことは間違いないでしょう。

祇園祭の核心は巡行が行われた夕刻、神輿に神を乗せて町内を渡り歩くことです。これは、江戸の祭りと共通しています。

祇園祭の神輿には祇園社で祀られている祭神が乗っています。かつては牛頭天王とその妻子でしたが、現在ではスサノオ、クシナダヒメ、その子どもたちが乗っています。そして神輿は暴れ狂いながら町内を渡っていきます。

神輿が暴れ狂うのは神が暴れ狂うからだと解釈されています。それによって、悪疫を退散させることに効果があると見なされました。神輿を担ぐ人たちに神が憑《つ》いて、それによって神輿が揺れ動くと考えられたわけです。

疫病とのかかわり

八坂神社は明治時代より前は祇園社と呼ばれていたわけですが、祇園天神社《ぎおんてんじんしゃ》、祇園感神院《ぎおんかんじんいん》などと呼ばれることもありました。いずれも「祇園」という名がついていますが、そこには寺院が関係していいます。「祇園」とはもともと釈迦がインドで説法を行った場所を指していました。『平家物語《へいけものがたり》』の有名な冒頭、「祇園精舎《ぎおんしょうじゃ》の鐘の声、諸行無常の響《ひび》きあり」にも登場します。

八坂神社（祇園社）が鎮座している場所はもともと八坂郷《やさかごう》と呼ばれ、そこには観慶寺《かんけいじ》（1868年の廃仏毀釈《はいぶつきしゃく》で廃寺）が建っていました。観慶寺は、定額寺《じょうがくじ》（奈良・平安時代に官大寺《かんだいじ》、国分寺《こくぶんじ》・国分尼寺《こくぶんにじ》に次ぐ寺院。稲などが支給された）として、朝廷から特別待遇を受けていました。

しかし、１３３１（元徳《げんとく》３）年に制作された「祇園社絵図《ぎおんしゃえず》」では、祇園社の社殿が大きく描かれ、その西にある薬師堂《やくしどう》が観慶寺とされています。観慶寺に祇園社が祀られるようになると、祇園社のほうが多くの信仰を集めるようになり、観慶寺を凌駕《りょうが》する存在になっていったのです。

なぜそうしたことが起こったのでしょうか。それは厄除けの神、疫病退散の神である牛頭天王が祇園社の祭神だったことが非常に大きいと思います。

牛頭天王はスサノオと習合しましたが、その由来は明確ではありません。『古事記』『日本書紀』には登場しませんし、八幡神のように渡来人が祀っていた神でもありません。日本の神々のなかには、インドの神が仏教を介して祀られるようになったものもありますが、牛頭天王は違います。ルーツがよくわからないのです。

それでありながら、牛頭天王はさまざまなところに登場します。たとえば、「辟邪絵《へきじゃえ》」に描かれています。辟邪絵とは、疫病をもたらす鬼を神が懲《こ》らしめているところを描いたものです。

奈良国立博物館が所蔵する12世紀の絵巻物のなかの「辟邪絵」では、牛頭天王は疫病を退散させる存在ではなく、疫病の正体とされています。主役は善神である天刑星《てんけいせい》というこれも由緒不明の神で、天刑星が牛頭天王を食べている様子が描かれているのです。これによって、天刑星と牛頭天王は習合していくわけですが、「辟邪絵」で〝脇役〟だった牛頭天王は、祇園社では〝主役〟として祀られるようになりました。

鎌倉時代に成立した『祇園牛頭天王御縁起《ぎおんごずてんのうごえんぎ》』には、牛頭天王の本地仏《ほんじぶつ》は薬師如来《やくしにょらい》であると記されています。本地仏とは、神は仏が権《かり》に形を変えてこの世に現れたもの（垂迹《すいじゃく》）とする本地垂迹説《ほんじすいじゃくせつ》にもとづくもので、それぞれの神の本来の姿＝仏のことです。

薬師如来は古来、各地の寺院で本尊《ほんぞん》として祀られてきました。薬師寺《やくしじ》（奈良市）や新薬師寺《しんやくしじ》（同）はもちろん、高野山金剛峯寺《こうやさんこんごうぶじ》（和歌山県伊都郡《いと》高野町《こうや》）、比叡山延暦寺《ひえいざんえんりやくじ》（滋賀県大津市《おおつ》）の本尊も薬師如来です。それだけ、重要な仏なのです。

薬師如来は薬壺《やつこ》を持つ姿で造像《ぞうぞう》されることからもわかるように、病《やまい》を癒《いや》す存在です。疫病を退散させる牛頭天王の本地仏が病を癒す薬師如来であるということは、病気の退散・治療という点で結びついたことになります。薬師如来は観慶寺の本尊でもありました。

八坂神社の正体

古代から近世にかけて、朝廷や貴族は神社仏閣に土地を寄進しましたが、京都では祇園社に多くの土地が寄進されました。つまり、京都の町は祇園社の支配下にあったわけで、そうなると、祇園社の支配・管理をめぐって争いが起こるようになります。

まず、中世に大きな勢力をなした寺社勢力である南都《なんと》・北嶺《ほくれい》のうち南都、すなわち興福寺《こうふくじ》（奈良市）が祇園社を支配下に置きます。もちろん、北嶺である比叡山延暦寺（以下、延暦寺）は黙っているわけがなく、興福寺と争うと、祇園社を支配するようになります。こうして、延暦寺は祇園社を介して京都全体を支配するようになり、ここまで見てきたように、さまざまなものがまとわりつくようになりました。

中世において、国家の重大事や天変地異などが起こると、朝廷は二十二社（第4章で詳述）に使者を派遣して神に祈らせました。この二十二社について、吉田兼倶《かねとも》（吉田神道の創始者）が解説したのが、『二十二社註式《にじゅうにしゃちゅうしき》』です。そこには、次のように記されています（カッコ内は筆者）。

「牛頭天王は、はじめは播磨《はりま》国明石《あかし》ノ浦《うら》（兵庫県明石市の海岸）に垂迹し、廣峯《ひろみね》（同県姫路《ひめじ》市の廣峯《ひろみね》神社）に移る、その後北白川東光寺《きたしらかわとうこうじ》（京都市左京《さきよう》区北白川《きたしらかわ》から同区岡崎東天王町《おかざきひがしてんのう》に移った岡崎《おかざき》神社）に移り、その後感神院《かんしんいん》（八坂神社）に移る」。つまり、さまざまな場所に移り、最終的に祇園に至ったとされているわけです。朝鮮半島から来たという話など、史料によって祇園社に祀られるまでの経緯は異なるものの、最終的には八坂神社に落ち着いたことになっています。

現在、八坂神社の参拝者の多くは祇園方面から来て、朱塗《しゆぬ》りの西楼門《にしろうもん》から入ります。西楼門をくぐって最初にある摂社が疫神社《えきじんじや》です。疫神社には、蘇民将来が祀られています。ここまで見てきたように、蘇民将来は牛頭天王でもあり、スサノオでもあります。ということは、八坂神社の本来の姿は、この疫神社であったのかもしれません。

神と人との関係

このように、スサノオという神は非常に複雑な存在であり、牛頭天王と結びつくことで疫病を退散させる神となりました。その背景には、神話においてスサノオが暴力的な神とされ、また疫病を引き起こす神でもあり、逆に疫病を退散させる力を持つと考えられてきたことがあります。

神というものは本来、疫病などをもたらすほど強力であり、人々に災いをもたらすがゆえに祀られたことから始まっています。そして長期間祀られることによって、神が鎮まり、今度は人々に対して好ましい、ご利益《りやく》を与えてくれるようになっていきました。つまり、祟る力を持っている神が、悪いことを克服してくれる善神として祀られるようになるわけです。このパターンをスサノオ、牛頭天王も辿ったことになります。

北野天満宮も同様です。菅原道真《すがわらのみちざね》の祟りが噂され、それを鎮めるために北野の地に祀られました。鎮まってくると、冤罪を晴らす神となります。やがて菅原氏が学問の家系であり、道真も博学多才で知られていたことから、学問の神となりました。さらに、江戸時代には寺子屋の神になり、現代においては受験の神になりました。

氷川神社の場合も、おそらくは洪水をもたらす悪い神を祀ることから始まり、それが神話の八俣大蛇の話を介してスサノオと結びつき、ご利益をもたらしてくれる神として氷川神社で祀られるようになったのでしょう。

次章では、オオクニヌシと出雲大社について述べたいと思います。

第3章

出雲大社とオオクニヌシ

本当は恐ろしい縁結びの神

ここまで、アマテラスとスサノオを見てきましたが、今回紹介するオオクニヌシは特異な存在であり、神としての魅力はアマテラスやスサノオよりもはるかに勝《まさ》っているかもしれません。

オオクニヌシは出雲大社に祭神として祀られています。２０２０年に東京国立博物館で特別展「大和と出雲」が開かれたように、古代日本の中心である大和と対比されるのは出雲です。このような重要な場所にオオクニヌシがいて、出雲大社がある。この関係をどう考えるかが、本章のテーマです。

オオクニヌシの第1の特徴は、複数の名前を持つことです。たとえば『日本書紀』では、アシハラノシコオ（葦原醜男）、ヤチホコノカミ（八千戈神）、オオナムチノカミ（大己貴神）など。アシハラノシコオの「シコオ（醜男）」は「醜《みにく》い男」を意味し、オオナムチノカミの「ムチノカミ（貴神）」は「貴《とうと》き神」ですから、同じ神に対照的な名前がつけられています。

オオクニヌシは、もともとは単一の神の名前ではないようです。出雲地方を勢力圏とする大地あるいは農耕の神が、他の同じような性格を持つ神々と結びつけられ、ついには大いなる国土の主宰者として、オオクニヌシと呼ばれるようになったと考えられます。後世には、もともとインドの神である大黒天《だいこくてん》と同一視され、福の神として庶民から信仰されるようにもなりました。大黒様《だいこくさま》ですね。

第2の特徴は、多くの試練に直面することです。神話のなかで多くの試練を乗り越えていく人物を「文化英雄（Cultural Hero）」と言い、日本のみならず、世界の神話に登場します。彼らは試練を克服し、文化的に重要なもの、たとえば火などを獲得します。オオクニヌシもこれに該当します。

第3の特徴は、国譲《くにゆず》りです。オオクニヌシはスクナビコナノカミ（少名毘古那神）と共に天下を経営し、農業を興《おこ》し、医薬禁厭《いやくきんえん》の法を教えました。のちに天孫降臨の際には、国土をニニギノミコト（邇邇芸命）に譲ると、出雲に隠退して出雲大社に祀られました。この国譲りは、他国の神話はもちろん、日本の他の神話でも例がありません。

出雲大社は縁結びの神社として知られています。旧暦（太陰暦）の10月は、「神無月《かんなづき》」とも呼ばれます。全国から出雲大社に神々が集まり、それぞれの地域では不在になるからです。逆に、出雲地方では「神在月《かみありづき》」と言います。神々が出雲大社に集まって何をするかというと、縁結びです。ここから、出雲大社は縁結びの神社として信仰されるようになりました。

出雲大社など、縁結びの神社に行くことがあったら、境内にかけられている絵馬を見てみてください。なぜなら、縁結びの神を祀っている神社の絵馬には、恐ろしいことが書かれていることが多いからです。たとえば、私が安井金比羅宮《やすいこんぴらぐう》（京都市）に行った時のこと、絵馬には「別れますように」「死んでくれればいいのに」などと書かれていました。息子の嫁が気に入らない母親が書いたものです。縁結びというめでたいことなのに、と思うかもしれませんが、縁結びの前に、その前提として縁切りがあります。つまり、縁結びの神は縁切りの神でもあるのです。

出雲大社が縁結びの神社とされるのは、祭神であるオオクニヌシが縁結びの神だからで、出雲大社もそのように述べています。ただ、縁結びを求めて出雲大社に参拝者のなかには祭神のことについては知らない、興味がない人も少なくありません。そもそも私たちは、神社を訪れた際、必ずしもその神社にどのような神が祀られているかを意識したり、自覚したりすることはないのではないでしょうか。

たとえば、氷川神社に参詣した時、祭神はスサノオであると意識している人はいるでしょうが、あの乱暴者のスサノオにお参りをしているのだと、神々の特徴までを認識して参詣する人はあまりいないと思います。また、伊勢神宮に参詣する際、内宮にアマテラス、外宮にトヨウケと別々の神が祀られていることを意識している人はきわめて少数でしょう。出雲大社も同様です。

優しいオオクニヌシ

オオクニヌシは、神話のなかでどのように語られているのでしょうか。オオクニヌシは『古事記』『日本書紀』に登場しますが、両者では違いがあります。まずは『古事記』から見ていきます。

『古事記』では、スサノオの６世孫がオオクニヌシであり、その兄弟はヤソカミ（八十神）、すなわち大勢の神々とされています。オオクニヌシとヤソカミが関係する有名な話が、「稲羽《いなば》（因幡）の素兎《しろうさぎ》」の物語です。この話は絵本などで読まれた人も多く、そのため、おとぎ話と思われるかもしれませんが、『古事記』に掲載されている神話です。

ある日、ヤソカミは皮がむけて裸《あかはだ》の兎に遭遇します。彼らは、兎に「海の水を浴びて風にあたって高い山の上で伏せっていればいい」と言います。兎がその通りにすると、痛くてたまらない。そこに通りかかったオオクニヌシが正しい治し方をアドバイスすると、兎の体が元通りになりました。

オオクニヌシは優しい神として描かれているわけです。なお、ここではオオクニヌシではなく、オオナムチとして登場します。ということは、もともとはオオクニヌシではない、別の神の伝承であった可能性があります。

兎は「ヤソカミはヤガミヒメ（八上比売）と結婚しようと考えているが、彼らは彼女とは結婚できない。オオクニヌシが結婚することになる」と予言します。のちに予言の通りになるのですが、オオクニヌシは簡単には結婚できないだけではなく、ヤソカミの嫉妬《しっと》により、数々の試練に遭遇します。

この試練を克服していく物語が、オオクニヌシを魅力的な存在にしています。ただ、数々の試練は、オオクニヌシがみずからの力で克服するのではなく、必ず彼を助ける存在が登場して、それによって克服するという形を取っています。助力者の登場は、神話のひとつのパターンでもあります。

オオクニヌシを妬《ねた》んだヤソカミは山に行くと、オオクニヌシに「自分たちは赤い猪《いのしし》を追い落とすから、それを待ち受けて捕《と》らえろ。失敗したら、おまえを殺す」と言い渡します。ところが、ヤソカミは猪ではなく、猪に似た大きな石を焼いて落としたのです。そのため、オオクニヌシは焼死してしまいます。

一神教の世界では神が死ぬことはありませんが、多神教の世界では神も死ぬことがあり、日本の神も死ぬことがあります。実際、第1章で見たようにイザナミも、イザナミの死の原因となったヒノカグツチも死んでいます。ただ、オオクニヌシの場合、亡くなったあとに生き返ることがイナザナミなどと異なります。

生き返ったオオクニヌシ

死んだオオクニヌシを救うのが、母親です。母親は高天原に上ると、カミムスヒに息子の命を助けてくれるよう懇願します。カミムスヒは使者を遣《つか》わすと、オオクニヌシを生き返らせます。オオクニヌシは、まず死という試練を母親の助けを借りて克服したわけです。

生き返ったオオクニヌシに、母親は、この国にいてはヤソカミに殺されてしまうからと、スサノオのいる「根《ね》の堅州国《かたすくに》」に行くようにすすめます。根の堅州国とは「根の国」とも言い、地下深く、あるいは海の彼方《かなた》にある世界のことで、黄泉国と同義であるとも考えられます。

オオクニヌシがそこに降りていくと、スセリビメ（須勢理毘売）がいました。スセリビメはスサノオの娘なのですが、オオクニヌシは一目惚れをして結婚の約束を交《か》わします。スセリビメは、父のスサノオに「みめうるわしい神が来ました」と話します。オオクニヌシを見たスサノオは「アシハラシコオ（葦原色許男）というのだ」と語ります。芥川龍《あくたがわりゅう》之介《のすけ》の小説『老いたる素戔嗚尊』には、この場面が出てきます。

なお、さきほど触れた『日本書紀』の「シコオ（醜男）」は「醜い男」でしたが、『古事記』の「シコオ（色許男）」は「力強い男」を意味します。

スサノオはオオクニヌシに試練を与えます。現代では、結婚する際に試練が課されることはないでしょうが、神話では結婚する時にさまざまな試練を課される事例がたくさん出てきます。

ところで、スサノオの変化にお気づきでしょうか。アマテラスとの物語では、乱暴でみずから試練を克服したスサノオが、ここでは頼もしい父親として登場します。そして、オオクニヌシに試練を与える立場に変わっています。老いることで成熟したのです。

スサノオは、オオクニヌシを蛇《へび》のいる部屋に泊めます。オオクニヌシは蛇に襲われるのですが、スセリビメから蛇を自由に操《あやつ》る力を持つ布を与えられ、蛇をおとなしくさせることに成功します。オオクニヌシは、スセリビメという助力者によって試練を克服したのです。

その後、オオクニヌシは蜈蚣《むかで》と蜂《はち》のいる部屋に入れられますが、そこでもスセリビメから呪力を持つ布を授けられて助かります。

続いてスサノオは野原に鏑矢《かぶらや》を射込むと、それを取ってくるようオオクニヌシに命じます。オオクニヌシが野原に入ると、スサノオは火を放ちます。すると、助力者としてネズミが現れ、土の下に隠れていれば火をやりすごせる、と忠告してくれます。

しかしスセリビメは、オオクニヌシが焼死したと悲しみます。スサノオがオオクニヌシの死を確認しようと野原に行くと、オオクニヌシは矢を持って颯爽《さっそう》と現れました。映画にでもしたいシーンです。

その直後、スセリビメはオオクニヌシに助言をします。スサノオの頭についた蜈蚣を噛んで吐き捨てるように見せかけるため、蜈蚣ではなく木の実と赤土を噛んで、それを吐くようにと教えるのです。これで、オオクニヌシは、スサノオの好意を得ることに成功します。スサノオは、これなら自分の娘を嫁《とつ》がせることができると安心して寝てしまいます。

するとオオクニヌシは、スサノオが家から出てこられないようにスサノオの髪を家の木に括《くく》りつけると、大岩で家を塞いでしまいます。そして弓矢など武器、琴《こと》など託宣に用いる道具を持ち出すと、スセリビメと共に逃げ出すのです。

ところが、琴が木に触れて音を立てたため、スサノオは起きてしまいます。スサノオは追いかけようとしますが、髪の毛が木に括りつけられているため、出られません。するとスサノオは家ごと引き倒して、家を引きずって追いかけるのです。しかし家が重いために疾駆《しっく》できず、ようやく黄泉比良坂に至るものの、すでにオオクニヌシとスセリビメははるか遠方に行っています。それを見たスサノオは、祝福する言葉を投げかけて許すのです。

琴は、古代において神憑《かみがか》りをする時に使われていました。『古事記』にも、そのことが出てきます。それは、仲哀《ちゅうあい》天皇が琴を弾《ひ》いた時に妻である神功《じんぐう》皇后が神憑りをして神の託宣が下される場面です（第6章で詳述）。

吉野《よしの》ヶ里《り》遺跡（佐賀県神埼《かんざき》郡吉野ヶ里町、神埼市）では、主祭殿《しゅさいでん》という3階建ての建物が復元されています。その3階では、卑弥呼《ひみこ》を想像させる女性が榊《さかき》を持って神憑りし、託宣を下す様子が人形を使って再現されています。その脇にいる男性が琴を持っているのですが、これは仲哀天皇と神功皇后の話をもとにしていると考えられます。

国づくり神話

『古事記』では、スサノオがオオクニヌシとスセリビメの結婚を祝福したあと、一気に場面が変わり、国づくりの話になりますが、さまざまな話が混在するようにもなっていきます。

たとえば、オオクニヌシはスセリビメと結婚するのですが、その後いきなり、稲葉の素兎の話に出てきた、ヤソカミが狙っていたにもかかわらずオオクニヌシが娶《めと》ったヤガミヒメが登場します。ヤガミヒメは正妻のスセリビメを怖れ、嫉妬を避けるために自分が産んだ子どもを殺してしまいます。また、オオクニヌシの妻は他にもおり、そのひとりと恋歌を交わすとスセリビメが嫉妬する話など、必ずしも国づくりのところに出てくる必要がないと思われる話がいくつも出てくるのです。

現代の物語では、筋が一貫していないと読者は不満を持ちますし、そうならないように作者も気を配ります。いっぽう、『古事記』ではすべての伝承を入れなければならないと考えられたのか、さまざまなエピソードが無理矢理捩《ね》じ込まれています。

ここで重要なのは、国づくりの物語です。そのあとの国譲りの物語にかかわってくるからです。オオクニヌシは出雲の神ですから、出雲国をつくります。ただ、出雲国が日本全体を象徴しているようなところがあります。なぜなら、国づくりの話は出雲を舞台にしていますが、国譲りでは日本全体の話になっているからです。ということは、オオクニヌシがつくり上げた国は日本全体なのかもしれません。

まず、御大《みほ》の御前《みさき》（島根県松江市美保関町《みほのせき》）に、海の彼方から舟に乗って神が現れます。オオクニヌシが名前を尋ねるのですが、答えが返ってきません。オオクニヌシが付き添ってきた神々に聞いても、彼らは「知らない」と答えます。そこにヒキガエルが現れ、「案山子《かかし》だったら必ず名前を知っている」と助言します。その助言に従い、案山子に神の名を尋ねると、「カミムスヒの子のスクナヒコナだ」と教えてくれます。

カミムスヒはさきほど触れた、オオクニヌシが焼死した時に母親が助けを求めた神です。実は、カミムスヒは『古事記』の冒頭において、アメノミナカヌシの次に現れますが、そのまま消えてしまいます。しかし、別名タカギノカミ（高木神）として天孫降臨にもかかわるなど、重要な役割を果たします。

オオクニヌシの命を救ったカミムスヒは、今度はオオクニヌシに対して、息子のスクナヒコナと一緒に国をつくりかためることを命じるのです。「つくりかためる」とは国土を造るとも、国を統治するとも考えられます。

こうして、国づくりが始まりましたが、その途中で、自分の名前さえ名乗らない無口なスクナヒコナは失踪し、常世国《とこよのくに》（海の彼方にあるとされた異郷であり理想郷）に行ってしまいます。

オオクニヌシが困っていると、そこに海を照らしながら来る神が登場します。その神は、「自分を祀ってくれたら国づくりに協力しよう」と言います。オオクニヌシが祀る場所を聞くと、「倭《やまと》の周囲をめぐる山々の、東の山の上に祀れ」という答えが返ってきました。現在の奈良県ですね。この神こそ、次章で取り上げる大神神社の祭神オオモノヌシノカミ（大物主神）です。

しかしなぜ、出雲から相当に離れたところの神が登場するのでしょうか。一説には、出雲族はもともと奈良のあたりにいて、彼らの伝承が神話に反映されたのではないかと言われています。突然オオモノヌシが登場するのは、その可能性を示唆しているとも考えられます。

いずれにせよ、オオモノヌシの協力により国づくりが進んでいきます。そこに登場したのが、アマテラスです。

国譲り神話

アマテラスは、オオクニヌシがつくった水穂国《みずほのくに》（みずみずしい稲穂が実る国＝日本）は自分の子であるアメノオシホミミノミコト（天忍穂耳命）が治めるところである、と宣言しました。こうして、国譲りの話が始まるのです。

ところが、アメノオシホミミは天の浮橋に立つと、どうも自分が行く国は騒がしく治まっていないようだと、行くことを拒否します。そこで、タカミムスヒノカミ（高御産巣日神）はアマテラスと相談をします。この箇所では、タカミムスヒのほうがアマテラスより主導的な役割を果たしているため、天皇家の皇祖神はアマテラスではなくタカミムスヒであるとする説もあります。

タカミムスヒとアマテラスは天《あま》の安《やす》の河《かわ》の河原《かわら》に八百万の神々を集めると、アメノオシホミミに代わって、誰を水穂国へ遣わすべきかを相談します。その結果、別の神が遣わされるのですが、彼らはオオクニヌシに媚《こ》び諂《へつら》って戻ってきません。

そこで、タケミカヅチとアメノトリフネノカミ（天鳥船神）が遣わされることになり、伊那佐《いなさ》の浜《はま》（島根県出雲市大社《たいしや》町、出雲大社の西方1㎞にある砂浜で、岩が立っている）に降り立ちます。そしてオオクニヌシに高天原の意向を伝え、国を譲るように求めます。

ずいぶん勝手な言い分に思えますが、オオクニヌシは弱気にも「自分だけでは答えられないから、子どもたちに聞いてくれ」と言い出します。

子どものヤエコトシロヌシノカミ（八重言代主神）はあっさり譲ることを了承しますが、タケミナカタノカミ（建御名方神）のほうはタケミカヅチに自分と力比べで勝負しようと申し出ます。

タケミカヅチとタケミナカタとの力比べの結果、タケミナカタは負けて科野国《しなののくに》（のちの信濃国、現在の長野県）の州羽《すわ》の海《うみ》（諏訪湖《すわこ》）に逃げてしまいます。タケミカヅチはタケミナカタのあとを追って殺そうとしますが、タケミナカタは「私はここから出ませんので、葦原中国《あしはらのなかつくに》（天上の高天原と地下の黄泉国の間に位置する地上）はお譲りします」と言います。

こうして息子たちが了承したことで、オオクニヌシも国譲りを承諾します。そして「国を献上する代わりに、高天原に届くほど立派な宮殿を建ててくれ。自分は引退して、根の国に身を隠そう」と言います。この宮殿が出雲大社の元の姿であると『古事記』は伝えています。

『古事記』と『日本書紀』の違い

このように、『古事記』ではオオクニヌシの冒険から始まり、彼に助力者・協力者が現れて試練を克服し、国づくりを行った話に続いていきます。ところが、国づくりが終わると、高天原側から「それを譲れ」という、出雲側からすれば無理な要求を突きつけられて、それを受け入れざるを得なくなりました。

問題は、この物語が『古事記』と『日本書紀』で異なる点です。三浦佑之さんなどが指摘しているように、『日本書紀』では出雲に関する記述（出雲神話）がごそっと抜けているのです。

『古事記』は712（和銅《わどう》5）年成立、『日本書紀』は720（養老《ようろう》4）年成立と、わずか8年の差しかありません。両者は「記紀《きき》」として一括《ひとくく》りにされることが多く、神話が歴代の天皇の物語に発展していくなど共通点も多いのですが、相違点も少なくありません。どこが違うのか、比較しながら見ていきましょう。

第1に、文体です。『日本書紀』は同時代の公式文書と同様に、基本的に漢文です。いっぽう、『古事記』は正式な漢文ではなく、日本独自の変体漢文《へんたいかんぶん》（和様《わよう》漢文）で綴《つづ》られています。ただ、「序」だけは普通の漢文で書かれています。

第2の相違点が、成立過程です。『古事記』の序文には——天武《てんむ》天皇は稗田阿礼《ひえだのあれ》に命じて「帝紀《ていき》」「旧辞《きゅうじ》」を誦習《しょうしゅう》させ、それを太安万侶《おおのやすまろ》に撰録《せんろく》させた。それが元明《げんめい》天皇に献上された——とあります。

「帝紀」は天皇の皇位継承を中心とする伝承などをまとめたもので、「旧辞」は古代の神話・伝承を記したものです。両者とも散逸したとされ、現存しません。また、誦習は書物などを繰り返し読んで覚えること、撰録は文章を記録することです。

つまり、『古事記』成立以前に代々の天皇の物語が書物として存在し、それらを稗田阿礼が読みこなしてひとつにまとめ上げて太安万侶に語り、記録させたものが『古事記』であるというのです。

しかし、すでに書物が存在するなら、それを太安万侶がまとめればいいように思います。そこに、わざわざ誦習という作業を入れているということは、もしかすると、実は書物の形になっておらず、口伝《くちづた》えされていたものを稗田阿礼がまとめて語ったのかもしれません。

いっぽう『日本書紀』は、その続編である『続日本紀《しょくにほんぎ》』に、天武天皇の子である舎人《とねり》親王が編纂したと記されています。現在伝わっている『日本書紀』は30巻あります。さらに系図が1巻あったと『続日本紀』に記されているのですが、系図のほうは伝わっていません。

第3の相違点が、天皇についての記述です。『古事記』は推古天皇までしか書かれていませんが、『日本書紀』はその7代あとの（明治時代に追贈された弘文《こうぶん》天皇を除く）持統《じとう》天皇まで記しています。持統天皇の夫で、前代の天武天皇が編纂を命じたわけですから、『日本書紀』は成立直前までのことに触れていることになります。

なお、『古事記』については、江戸時代から偽書とする説が唱えられてきました。全体が偽書、成立の経緯を述べた序文だけが偽書、両方の説があります。これに関して、『万葉集』巻二の89の歌に「古事記に曰《いわ》く」と出てきます。また、同90の歌の左註にある「遠飛鳥宮《とおつあすかのみや》（允恭《いんぎょう》天皇の皇居）」は『古事記』のみに登場します。『万葉集』の成立は759（天平宝字《てんぴょうほうじ》3）年から780（宝亀《ほうき》11）年頃とされており、『古事記』成立後のことです。その『万葉集』に出てくるわけですから、『古事記』が完全な偽書という説は成り立たないように思います。

第4の相違点が、神の数です。『古事記』では二六七柱、『日本書紀』では一八一柱の神が登場します。

第5の相違点が、形式です。『古事記』は全体が一貫した物語として語られています。いっぽう、『日本書紀』では神話の箇所と歴代の天皇についての箇所では記載方法が異なります。神話の部分では、第2章で述べたように「一書に曰く」という形で別の伝承を紹介しています。しかし、天皇の部分になると、「一書に曰く」がほとんどなくなります。

第6の相違点が冒頭で述べた、『古事記』では出雲神話が語られているのに対して、『日本書紀』ではほとんど語られていないことです。なぜなのでしょうか。

『日本書紀』が出雲神話を書かなかった理由

『古事記』『日本書紀』と同時代の史料に、『出雲国風土記《いずものくにふどき》』があります。『風土記《ふどき》』とは国別にまとめられた地誌のことで、地名の由来、産物、伝承などが記載されています。

現存するのは『出雲国風土記』の他、『常陸国風土記《ひたちのくにふどき》』『播磨国風土記《はりまのくにふどき》』『豊後国風土記《ぶんごのくにふどき》』『肥前国風土記《ひぜんのくにふどき》』の5つで、完全に残っているのは『出雲国風土記』のみです。ここにも、出雲の重要性が示されているのかもしれません。

では『出雲国風土記』において、『古事記』で語られる出雲神話が載っているかというと、載っていません。しかも『出雲国風土記』では、オオクニヌシは出雲国を支配する存在として描かれており、国譲りの話は出てきません。そうなると、『風土記』は『日本書紀』に性格が似ているということになります。

奇妙なことに、『古事記』のあとに成立した『日本書紀』『続日本紀』に、『古事記』の成立経緯が記されていません。ですから、『古事記』成立の経緯については、前述のように『古事記』の序文を参照するしかありません。

さきほども触れたように、『日本書紀』の文体は漢文です。さらに、『日本書紀』では、『魏書《ぎしょ》』『晋起居注《しんききょちゅう》』『百済記《くだらき》』『百済新撰《くだらしんせん》』『百済本記《くだらほんき》』など、参考とした中国や朝鮮の書物も紹介されています。ということは、日本人だけではなく、中国や朝鮮半島の人も読むことを前提にしていた可能性があります。つまり、『日本書紀』は国内外に示す正史だったことになります。

いっぽう、『古事記』は正式な漢文で書かれていませんから、対外的なアピールを目的としていない、天皇家の私的な文書であるとも考えられます。

ここからは、私の推測です。『古事記』には『日本書紀』のような正規の史書には出てこないことも書かれており、だとすると、『古事記』とは、自分たちの祖先はこのようにして出雲など他地域を制圧・支配した、そのような歴史を経ていることを、代々の天皇に忘れさせないための物語だったのではないでしょうか。つまり、支配者に、必ずしも善とは言えない過去を忘れさせないために『古事記』は作られたのではないか。だから、出雲神話は正史である『日本書紀』に載っていないのです。

では、『古事記』に書かれていることは実際に出雲で起こったことなのでしょうか。

出雲が大和と明確に対比されるようになったのは戦後、しかも昭和後期になってからです。なぜなら、それまで出雲では古代の大きな遺跡が見つかっていなかったからです。

20世紀後半の出雲では、遺跡の発見が相次ぎました。1983年、農道の工事の際に偶然発見されたのが、荒神谷《こうじんだに》遺跡（島根県出雲市斐川《ひかわ》町）です。発掘調査によって、銅剣《どうけん》3

58本、銅矛《どうほこ》16本、銅鐸《どうたく》6個などが出土しました。1996年には、同遺跡から3㎞しか離れていない場所から、加茂岩倉《かもいわくら》遺跡（同県雲南市加茂《かも》町）が見つかります。そして、ひとつの遺跡の出土数としては最大の39個の銅鐸が発掘されました（すべて島根県立古代出雲歴史博物館に所蔵）。

それまでも銅剣、銅鐸は日本各地で発見されてきましたが、これだけ大量のものが一度に発見されたことはありません。これによって、古代の出雲に文明が栄えていたことがはっきりしました。しかも、これだけ近い距離で発掘されたのですから、出雲地方にはまださまざまな遺跡・遺物が眠っている可能性があります。

これに関連してクローズアップされるのが、出雲大社の存在です。

巨大な本殿は実在したか

出雲大社の本殿は高さ24m、大屋根の面積180坪と、日本の神社建築では最大です。現在の本殿は1744（延享《えんきょう》元）年に再建されたものですが、出雲大社の社伝によれば、最古は96m、その後48mを経て、現在の高さになったとされています。

この伝承にもとづいて、ゼネコンの大林組は、本殿の高さ48m・本殿まで100mの階段を人が昇る復元図を作成しました。また島根県立古代出雲歴史博物館には、10分の1の復元模型があります。これらを見ると、私たちの想像をはるかに超えた大きさです。

これが事実だった可能性を示す証拠もありますが、いっぽうでそれを否定する証拠もあります。

事実だった証拠となるのは、出雲大社の宮司を務める出雲国造家《いずもこくそうけ》に代々受け継がれてきた「金輪御造営差図《かなわごぞうえいさしず》」（以下、造営差図）です。国造《こくぞう》はヤマト王権（ヤマト政権、ヤマト朝廷）の地方官であり、地元の豪族などが任命されました。律令制下では郡司《ぐんじ》となるのですが、平安時代になっても一部に称号や祭祀権などは残りました。出雲では、千家《せんげ》家が国造でしたが、南北朝時代に分家して北島《きたじま》家が生まれ、どちらも現在まで続いています。出雲では「こくそう」と読みます。

この千家家に伝わっているのが、造営差図です。江戸時代、国学者の本居宣長《もとおりのりなが》はこれを千家家の人から見せてもらい、自著に写し取っているのですが、にわかには信じられないと述べています。

造営差図では、太い木を3つ合わせて鉄の輪で束《たば》ねたものを柱として、その上に建物を建てています。ただし、平面図なので、建物がどれだけの高さかはわかりません。柱の太さは、現在の出雲大社の柱よりもはるかに大きいため、実際に存在するわけがない、と宣長以降言われてきたのです。

発掘された巨大な柱

2000年4月、出雲大社境内の地下1.5mで杉の丸太3本が見つかった　（朝日新聞社）

ところが、2000年から2001年にかけて、出雲大社の境内で巨大な柱が発掘されました（上の写真）。しかも造営差図のように、3本の柱がひとつになっていたのです。造営差図の正しさが証明された形になりました。これだけ太い柱が用いられていたということは、その上にある建物も相当に高かった可能性があります。造営差図では、引橋《ひきばし》（取り外しができる橋や梯子《はしご》）が100mにおよぶとされており、これも本殿の高さ48m説を裏づけています。

また、鎌倉時代初期に出雲大社に参詣した寂蓮《じゃくれん》法師は、本殿は背後の山の中央くらいの高さがあったと書き残しています。これが本当なら、相当の高さだったことになります。

いっぽう、48m説を否定する証拠としては、同じ鎌倉時代の古絵図「出雲大社《いずもたいしゃ》并《ならびに》神郷《しんごう》図《ず》」があります。これを見ると、本殿を支える柱は摂社・末社の社殿ほどの高さがありますが、とても48mには見えません。

とはいえ、本殿は平安時代から鎌倉時代にかけて7回にわたって倒壊したという記録も残っており、それは本殿が高かったからだとも考えられます。

そもそも現在の本殿ですら、日本でもっとも高いわけですが、なぜ出雲大社の本殿はこれだけ大きいのでしょうか。

生神

出雲大社の本殿は10m四方のかなり広い空間になっており、そのなかには屋敷神くらいの社《やしろ》が設けられています（左の図）。

　一般の神社であれば、本殿内には鏡などの御神体《ごしんたい》がありますが、出雲大社の本殿には神《しん》座《ざ》があります。つまり、出雲大社の本殿は御神体を納める場所ではなく、境内にあたるような祭祀のための空間なのです。

　実際、江戸時代に作成された絵図「出雲大社本殿内《いずもたいしゃほんでんない》および座配《ざはい》」を見ると、本殿のなかにたくさんの神職がいて、奥に正装した出雲国造がいます。神職たちは出雲国造に向かって礼拝をしており、供物も国造に捧げられる形になっています。神と同じ扱いを受けているわけです。出雲国造は祭祀を行う側ではなく、祭祀の対象なのです。

出雲大社本殿の内部

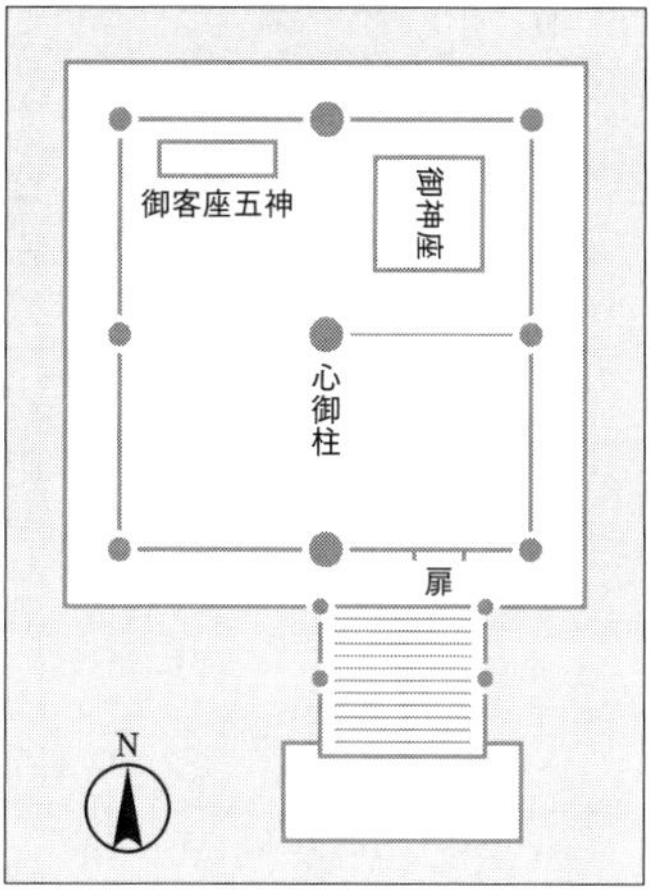

　現在は、本殿のなかには出雲国造以外は入れないようですが、本来、そこは祭祀を行うための空間であり、多くの神職が参加するために、かなりの広さが必要だったのです。

そうであるなら、祭祀のための空間を高いところに設ける必要はありません。出雲大社の本殿の高さをめぐる議論には、この視点が抜けているように思います。太い柱が建てられたのも、高いところに本殿を設けるためではなく、広い空間を支える必要があったからではないでしょうか。

出雲国造は祭祀を行う時だけでなく、生神《いきがみ》としても扱われてきました。日本の民俗学の開拓者である柳《やなぎ》田《た》國《くに》男《お》の回顧録『故郷七十年』のなかには、子どもの頃に出会った出雲国造について記した箇所があります。

出雲《いずも》から但馬《たじま》路を経てこの村を通過した国造《こくそう》家（出雲大社の千家《せんげ》）を迎えたことがあった。生神様《いきがみさま》のお通りだというので、村民一同よそゆきの衣装を着て道傍に並んだ。若い国造様が五、六名のお伴《とも》を従えて、烏帽子《えぼし》に青い直垂《ひたたれ》姿で馬で過ぎていった時、子供心に、その人の着物にふれでもすれば霊験が伝わってくるかのような敬虔な気になったようである。その国造様の姿がいまもくっきりと瞼《まぶた》に浮《う》かんでくる。

（柳田國男『故郷七十年』講談社学術文庫）

この人物は、千家尊福《たかとみ》（1845〜1918年）です。

出雲国造の場合、前の国造が亡くなると、後継者となる国造は出雲地方のもうひとつの有力神社・熊野大社に行き、火を切り出してきます。これを神火《しんか》と言います。出雲国造はその任にある間、この火を灯《とも》し続け、神火で調理したものしか食べません。出雲国造の魂《たましい》は神火に宿っているとされたからです。

魂＝神火が大事であり、肉体は関係ありませんから、昔は出雲国造が死んでも葬式をせず、近くにある沼に水葬していました。また、神である出雲国造が地上に直接触れてもいけないので、馬を降りることもできませんでした。

出雲国造の地方行脚《あんぎゃ》は広く行われていましたが、柳田が言うように、各地で生神として扱われました。たとえば、出雲国造が入った風呂の湯を飲めば病《やまい》に罹《かか》らないとされ、多くの人たちが欲しがったそうです。こうした伝統・風習は、尊福の時まで続いていました。

尊福は活動的な人物で、行脚する際には神火を持っていかなければならなかったり、馬から降りられなかったりするのは面倒だとして、これらの慣習を改革しました。また、明治政府から許可を得ると、神火で調理したものを食べるのは祭祀を行う時に限定するようにしました。尊福は政界にも進出しています。貴族院議員となり、埼玉県知事、東京府知事などを歴任して、最後は司法大臣にまでなりました。

オオクニヌシと出雲国造の関係

かつて、出雲国造は出雲大社の宮司であるだけでなく、出雲国の支配者でもありました。しかし、途中で出雲国を治めるという政治的側面を失い、以降は出雲大社の宮司に専念するようになりました。そして前述のように、出雲国造は生神として崇《あが》められるようになっていきました。

ここで考えなければならないのは、出雲大社の祭神であるオオクニヌシと出雲国造との関係です。出雲国造が生神として扱われたということは、オオクニヌシと同一視されたのでしょうか。

『古事記』では、出雲国造の祖は、アマテラスとスサノオの誓約の時にスサノオが産んだアメノホヒノミコト（天菩比命）の子タケヒラトリノミコト（建比良鳥命）とされており、オオクニヌシではありません。出雲国造＝オオクニヌシではないということになります。

皇室祭祀において、天皇は神主役として皇祖神アマテラスを祀っています。ここが、出雲大社の祭祀とは異なる点です。ということは、出雲国造は生神として扱われてはいても、みずからの祖先神ではないオオクニヌシを祀る宮司にすぎないということになります。

ただ、出雲国造に対する人々の熱狂的な信仰を考えると、生神としての出雲国造のほうが、出雲大社に鎮座するオオクニヌシよりはるかに重視されていたようにも思えます。そうした国造に対する信仰がいつから生まれたのか、はっきりとはわからないのですが、江戸時代には生神として特別な扱いを受けていたことは、史料的にも裏づけられています。

神社に鎮座する神よりも、生神としての出雲国造が信仰を集める。この形は、今日《こんにち》の新宗教の先駆となる、幕末維新期に登場した民衆宗教の教団に見られます。天理教《てんりきょう》や金光教《こんこうきょう》などです。

しかし、そうした信仰は明治時代になると、近代化にふさわしいものではないと考えられるようにもなります。千家尊福の改革も、このためだったのでしょう。それでも、民衆は依然として出雲国造を生神として尊崇し、その伝統は現在も消滅していないように思えます。

ヤマト王権による征服

古代において、出雲国造の就任の際には、ヤマト王権による任命の儀礼がありました。具体的には出雲国造が都《みやこ》に出向いてヤマト王権に服従を誓い、天皇を寿《ことほ》ぐ言葉「出雲《いずもの》国造神賀詞《くにのみやつこのかむよごと》」を奏上しました。しかし他国の国造には、このような儀礼はありません。

あるいは、出雲国造は国々を代表して奏上したとも考えられます。代表になるほど、重要な存在であったということでしょう。

このような就任儀礼があるということは出雲が大和に敗れ、屈伏したことの証《あかし》であるようにも考えられます。ただ、具体的に出雲がどのような経緯で大和に征服されたのか、それを示す史料は『古事記』の出雲神話しかありません。

ただ、ヒントになるものはあります。前方後円墳《ぜんぽうこうえんふん》です。円形の墳丘《ふんきゅう》の一端に方形の墳丘を連接させた前方後円墳は、古墳時代だけに造られました。初期は、各地に前方後円墳が造られました。そのスタイルは、主要な前方後円墳を、小さな前方後円墳や方墳《ほうふん》、円墳《えんぷん》が囲むというものでした。それぞれの地域を支配していた豪族と、その近親者の墓ではないかと考えられています。

ところが、ある時点から、巨大な前方後円墳が大和で造られるいっぽう、他の地域では前方後円墳が造られなくなっていきます。最終的には大和でも造られなくなり、古墳時代は終焉します。これは、次のように見ることができないでしょうか。

――最初は各地に豪族がいて、それぞれ勢力を誇っていた。ところが、ヤマト王権が次第に彼らを従えるようになっていき、その支配が行き渡った（完了した）時点で、権威の象徴である古墳は造られなくなった――。

つまり、古墳の変遷に古代日本の統合の歴史、国づくりの歴史が示されていることになります。

国づくりと国譲りに触れたオオクニヌシの神話のなかには、日本の古代史のひとつの真実が示されているのかもしれません。今後、出雲地方で新たな遺跡が発掘され、重要な遺物が出土することも十分に考えられます。そうなると、現在は仮説としてしか語れないことが証明される可能性もあります。出雲地方から目が離せませんね。

次章では、今回すこし触れたオオモノヌシと大神神社を見ていきます。

第4章

大神神社《おおみわじんじゃ》とオオモノヌシ

山を拝む

大神神社は「大神」と書いて「オオミワ」と読むわけですが、「三輪《みわ》明神」と呼ばれることもあります。大神神社が鎮座する奈良県桜井市の三輪地方はそうめん発祥の地とされ、名産「三輪そうめん」が知られています。大神神社の門前には「そうめん處《どころ》 森正《もりしょう》」という店があり、私も大神神社に行く際には必ず寄らせていただいています。

一般的に、神社は鳥居を潜《くぐ》り、参道を通って拝殿まで進みます。拝殿の奥には本殿があり、そこには神の依《よ》りつく依代《よりしろ》となる御神体が祀られています。ところが、大神神社には拝殿はあっても、本殿がありません。拝殿から、その背後にある標高467mの三輪山を拝む形になります。つまり、三輪山が御神体であり、神体山《しんたいさん》（御神体として直接崇拝の対象とされる山）です。

昔は、こうした形式は珍しくなかったと考えられるのですが、現在でもその形を取っている神社はあります。そのひとつが山宮浅間神社《やまみやせんげん》（静岡県富士宮市《ふじのみや》）です。この神社は富士山麓に数ある浅間神社のひとつですが、本殿もなければ、拝殿もありません。あるのは、富士山を神体山として仰ぐ遥拝所《ようはいじょ》だけで、そこには石で組んだ祭壇があります。

大神神社には拝殿はありますが、現在のものは1664（寛文4）年に江戸幕府の第4代将軍・徳川家綱《いえつな》が造営したものです。江戸幕府は神社仏閣の創建・再建に熱心でした。これは、江戸幕府に限ったことではなく、朝廷、公家、武家に共通しており、昔は、国を治めるには神仏の世界を尊重しなければならないとの考え方が強かったのです。

神社は寺院に比べ、過去の史料が少なく、そのためにわからないことも多いのですが、そこには神社（神道）と寺院（仏教）の性格の違いが影響しています。

寺院なら、必ず住職がいて、住職は仏教の修行をして経典などを学んでいます。僧侶は教典を読みこなす高度な言語能力・識字能力を備え、漢文を書くこともできました。いっぽう神社では、特定の家が社家《しやけ》（神社の奉祀《ほうし》を世襲する家）となっている場合もありますが、社家のいない神社も少なくありません。また、神道には教典が存在しないため、神職に高度な学問が求められることもありませんでした。

このことは現代の大学でも言えることで、僧侶を養成する仏教系の大学では各宗派の教えを深く学ぶことが求められます。しかし、神主を養成する神道系の大学では、儀式の方法は学びますが、神道の教えについて記した文献を深く研究することは少ないようです。

僧侶のなかには、作家として活躍する人も少なくありません。途中から出家した瀬戸内《せとうち》寂聴《じゃくちょう》さんは特異な例かもしれませんが、今東光《こんとうこう》さん、寺内大吉《てらうちだいきち》さん、玄侑宗久《げんゆうそうきゅう》さんなどが挙げられます。そのいっぽうで、神職の作家はあまり見かけません。ここにも仏教と神道の違いが表れているような気がします。

話が横道に逸《そ》れましたが、大神神社の場合はその変遷の過程を辿ることができる史料が比較的多く残されています。それらをもとに見ていきましょう。

本殿の建立時期

『日本書紀』崇神天皇紀には、大神祭が盛大に行われたという記載があり、「神宮」「殿《との》戸《ど》」「神門《しんもん》」などの言葉が登場します。殿戸とは御殿の戸口のことですから、この時代の大神神社には何らかの社殿が存在したとも考えられます。

ただし、崇神天皇は実在の可能性がある天皇とはされているものの、在位は3世紀から4世紀はじめと想定され、詳しいことはわかっていません。ですから、『日本書紀』の記述をそのまま事実と見なすわけにはいきません。

『日本書紀』のあとには次々と史書が編纂されましたが、そのひとつ『日本紀略《にほんきりやく》』に、1000（長保《ちようほう》2）年に「大神社宝殿鳴動」、つまり大神神社の宝殿《ほうでん》が揺れ動いたという記述があります。これが地震によるものかはわかりません。神の力が発動して、それを納めていた宝殿が揺れ動いたということかもしれません。

この「宝殿」は神に捧げる宝物《ほうもつ》を収める倉庫とも、本殿や拝殿のような社殿とも考えられます。宝殿と社殿が分かれている例として挙げられるのが、伊勢神宮です。伊勢神宮の内宮の中心には正殿があり、その奥に東西2つ、東宝殿《とうほうでん》と西宝殿《さいほうでん》が並んで建っています。外宮では位置関係が変わり、正殿の手前に2つの宝殿が建っています。

伊勢神宮では、20年ごとに社殿を造り替えて神座を移す式年遷宮《しきねんせんぐう》が行われますが、その際、神に捧げる宝物もすべて改められます。それらは東宝殿に納められ、西宝殿には前回の遷宮の際に新調したものを納めて、次の遷宮が終わるまで保管されます。次回の遷宮の際に同じものを作れるようにするためです。

伊勢神宮の式年遷宮では、社殿の建設よりも神宝を捧げることのほうが先行されたことが史料からわかります。それほど貴重な神宝を収めておくところが宝殿なのです。ただ、これは伊勢神宮の場合ですから、大神神社の古代の宝殿が同じものかはわかりません。大神神社の宮司だった中山和敬《なかやまわけい》さんの著書には、大神神社の宮司にしかわからないことが多く出てきます。大神神社の拝殿の造営時期もそのひとつです。

古来、御本殿のないこの神社に、いつ頃拝殿が建てられるようになったのかは、うかがう術《すべ》もない。しかし『日本書紀』の崇神天皇紀を見ると、当社で大神祭《おおみわまつり》が盛大に行なわれ、天皇も終始饗宴をなされたという記録がある。(中略)その後の旧記を拾うと、中古・花園《はなぞの》天皇の御代、文保《ぶんぽう》元年(一三一七年)に拝殿御造営が行なわれ、以後、室町時代にはしばしば修繕が加えられ、ついで豊臣秀吉《とよとみひでよし》は郡山《こおりやま》城主豊臣秀保《ひでやす》を奉行として修繕を行なっており、そのつぎが将軍家綱による現拝殿の再建におよんでいるのである。

(中山和敬『大神神社〈改訂新版〉』学生社)

1317年は鎌倉時代後期にあたります。全国の神社に社殿が建てられるようになるのは、平安時代終わりから鎌倉時代にかけてと考えられるので、大神神社の拝殿の建設は時代の流れだったのかもしれません。

「旧記」が何であるかが明記されていないので、確かめようがないのですが、中山さんの記述通りとすれば、大神神社の拝殿はようやく鎌倉時代に建ち、その後修繕されて、江戸時代に現在のものに改築されたという経緯になります。

三ツ鳥居

では、拝殿が建設される前には何があったのでしょうか。考えられるのが鳥居です。大神神社には、三《み》ツ鳥居《とりい》という特徴的な鳥居があります。

三ツ鳥居の実物は、東京でも見ることができます。ショッピングモールのギンザコマツ西館の屋上には三輪《みわ》神社（東京都中央《ちゅうおう》区）があり、その鳥居が三ツ鳥居なのです。この神社は大神神社に強い関心を寄せたギンザコマツの小坂敬《こさかけい》社長によって、建立されました。エレベーターで屋上に上ると三ツ鳥居が建っており、奥には磐座《いわくら》（神の依代となる岩石）である大きな石が鎮座しています。大神神社から勧請してきた神が祀られているのですが、社殿はいっさいありません。これは、大神神社の昔の姿を再現したものである可能性があります。大神神社の三ツ鳥居は拝殿のうしろ、三輪山の前に建っています。その形が、東京の銀座で再現されているわけです。

京都の亀岡《かめおか》市に出雲《いずも》大神宮がありますが、そこを描いた鎌倉時代の絵には山がいくつもあり、そのなかのひとつの山の麓に鳥居が建っています。鳥居の手前にはいくつか建物が描かれているのですが、鳥居の奥ではないので、社殿ではないようです。

昔の大神神社も同様の形式だったのではないでしょうか。つまり、鎌倉時代以前の大神神社には三ツ鳥居だけが存在した——。

このことを裏づける史料もあります。1226（嘉禄《かろく》2）年成立の文書「大三輪三社鎮座次第《おおみわさんしゃちんざしだい》」です。これは大神神社がいかにして鎮座するようになったか、その歴史的な経緯を説明したもので、そのなかに「当社古来無宝殿」「唯有三個鳥居而已」との記述がありますます。つまり、宝殿、この場合は社殿と考えられますが、それはなく3個の鳥居だけがあったというのです。

また、平安時代の歌学書『奥義抄《おうぎしょう》』には、「このみわの明神は、社《やしろ》もなくて、祭の日は、茅《ち》の輪《わ》の三つ作りて、いはのうへにおきて、それをまつる也《なり》」と書かれています。やはり、社殿はなかったのです。

神道に「大祓《おおはらえ》」という行事があります。大神神社でも行われており、大きな茅の輪が設けられ、それをくぐる「茅の輪くぐり」が行われます。『奥義抄』にある茅の輪はおそらくごく小さなもので、それを3つ作って岩の上に置いたのでしょう。岩は、神が宿る磐座と考えられ、そこが祭祀の場だったのではないでしょうか。この磐座が、重要な意味を持ってきます。

三輪山に登ると、そこには……

大神神社の神体山である三輪山は、神域《しんいき》として禁足地になっています。一般の人はもちろん、神職でさえ足を踏み入れることはできません。

ただし、ひとつだけ三輪山に登れるルートがあります。それは、頂上にある奥宮《おくみや》（同じ祭神で本宮・本社よりも奥にある神社）の高宮《こうのみや》神社（奈良県桜井市）を参拝する登山道です。私も一度だけ登ったことがあります。

入口は大神神社の摂社のひとつである狭井《さい》神社（同）の脇にあり、登拝料を払うと、案内書と紙でできた簡単な袈裟《けさ》をいただき、入山します。467mの山ですから、登山というほどではありませんが、なかなか険《けわ》しく、地面が絶えず湿《しめ》っているので、歩きにくかったですね。往復には3時間以上かかりました。

入山には、写真撮影やスケッチは不可、お参りだけにとどめて供物は持ち帰る、などの条件があります。ですから、三輪山の山中を紹介できる写真はないのですが、前掲の『大神神社』に、磐座が写っている写真が掲載されています。ボカシが入っていて不鮮明ですし、大神神社の磐座であるとも書かれていませんが、私が山中で見たものとよく似ています。

三輪山の山中にはたくさんの岩があります。山の中腹に岩が固まっているところがあり、「中津磐座《なかついわくら》」と呼ばれます。そこからさらに上り、高宮神社の奥に「奥津磐座《おきついわくら》」があります。これが『奥義抄』で言われる「いは」でしょう。

この磐座が重要であるために、大神神社では社殿を建てる必要がなかったのです。つまり、磐座で祭祀を行うというのが、大神神社の古いスタイルということになり、これが神社信仰のもとになります。

磐座は日本各地にあります。大きな岩があれば、そこに神が現れると信じ、古代の人たちは祭祀を行いました。三輪山の中津磐座も奥津磐座も、周囲に注連縄《しめなわ》が張ってありました。あるいは、今でも磐座で祭祀を行っている人たちがいるのかもしれません。供物を持ち返ることが求められるのは、そのためとも考えられます。

なぜ遺物は残されたのか

三輪山は禁足地ですから、発掘調査は行われていません。ただ、昭和30年代に三ツ鳥居の修繕が行われた際、そこから子持勾玉《こもちまがたま》（大型の勾玉の周囲に小さな勾玉がついたもの）や土器の破片などが発見されています。

禁足地ではない場所では、発掘調査が行われています。狭井神社の北東にある山《やま》ノ神《かみ》遺跡（奈良県桜井市）では、磐座の下から銅鏡、勾玉、盃《さかずき》、臼《うす》、杵《きね》、箕《みの》などが発掘されています。

大神神社の祭神は酒造りの神、酒の神としても知られています。大神神社に限らず、どの神社でも祭祀の際、酒は不可欠です。大嘗祭でも、そのために作った米で酒を醸《かも》し、新しく即位した天皇が神と対座して食事を摂る際に、その酒を供物の上に振りかけます。

山ノ神遺跡から盃、臼、杵などが発掘されたことから、この地において酒造りが行われ、その酒が三輪山の神に捧げられてきたことがうかがえます。また、銅鏡や勾玉など祭祀に使われた可能性が高いものも出土していますから、磐座に祭壇を造り、神が宿るものとして鏡を置き、そこに酒を含む供物を捧げて祭祀を行ったことが想像できます。

なぜ、祭祀に使われた遺物が出土するのでしょうか。古墳では、盗掘などで埋葬品が持ち去られることも少なくありません。祭祀の遺物も持ち去られることはなかったのでしょうか。

まず、祭祀に使う道具は1回限りで、祭祀が終わったらその場に放置するのが、古代の習《なら》わしでした。これに関して、沖ノ島《おきのしま》(福岡県宗像市《むなかた》)の例を挙げます。

沖ノ島は九州本土から約60㎞も離れた絶海の孤島です。詳しくは第6章で述べますが、この島では4世紀から10世紀にかけて、大規模な祭祀が行われていました。発見された遺物のなかには金製品など珍しいものもありましたが、それらは長い間、放置されていました。この島で見たものを口外すると祟りがあるとされ、たまたま漂着した漁師たちも口外しませんでした。そのため、祭祀の道具がそのまま今日《こんにち》まで残されたのです。

祭祀に使った道具はそのまま放置しておく。この感覚が生まれたのは、祭祀の時に実際に神が現れたからだと思います。このように言うと科学的ではないかもしれませんが、少なくとも祭祀を行った人々は、そのように感じていたはずです。

神と出会うとはどういうことなのか、現代の私たちには想像がつきにくいのですが、三輪山でも沖ノ島でも、そこで祭祀を行った人たちは実際に神と出会ったわけで、それは命がけのことだったのではないでしょうか。

ここまで述べてきたように、太古の神々は祟りをなすほど強い力を持っていると考えられていました。もし祭祀の際に間違ったことをしたら、神に対して失礼にあたるわけですから、神が怒り出し、自分たちの命を奪うかもしれません。そのような恐怖感を抱きながら祭祀をしていたのではないでしょうか。そして、祭具や供物は神に捧げられたものであって、それを持ち帰ることなどできない、と考えたのです。もちろん、これは私の推測です。

三輪山で発掘調査をすれば、おそらく祭祀に使われたさまざまな遺物が出てくるでしょう。しかし、日本社会が根本から変わらない限り、発掘は行われないでしょう。

伊勢神宮に存在する磐座

実は、伊勢神宮にも磐座が存在します。

伊勢神宮の内宮に行く際には宇治橋《うじばし》を渡りますが、宇治橋の前後に鳥居があります。内宮には正殿があり、その北側に、別宮の荒祭宮（三重県伊勢市）が鎮座しています（21ページの図）。内宮に参拝すると、同時に荒祭宮を拝むことになるわけです。荒祭宮はその名のごとく、アマテラスの荒魂を祀っています。

荒祭宮のさらに北には丘があり、そこに磐座があります。ただ伊勢神宮は、この磐座を神事に関係するものとして扱っておらず、注連縄を張るようなことはしていません。ところが、式年遷宮を行う時の最初の儀式である山口祭《やまぐちまつり》は、この磐座のそばで行われます。そこに、この磐座の重要性が暗示されています。つまり、内宮の先にある磐座に伊勢神宮の祭神アマテラスはもともと鎮座していたのではないか。そのようにも考えられます。私もそこに行ってみましたが、大きな磐座がそびえ、いかにも神がいることを感じさせる場所でした。

磐座のある場所は江戸時代、岩井《いわい》神社と呼ばれていました。社殿はなく、磐座がそのまま神社になっていたのです。これは、１８６１（文久《ぶんきゅう》元）年に描かれた「宇治郷之図《うじごうのず》」に示されています。

この磐座の北には、登山道である宇治岳道《うじたけみち》の道標が立っており、そこから登っていくと、途中から朝熊《あさま》岳道に入り、朝熊岳金剛證寺《あさまだけこんごうしょうじ》（三重県伊勢市）に辿り着きます。伊勢音頭では、「お伊勢参《まい》らば朝熊をかけよ、朝熊かけねば片参り」と歌われています。伊勢神宮に参拝したら、金剛證寺にも参詣しないと、本当に伊勢神宮に参拝したことにならない、というのです。

この寺は、真言宗《しんごんしゅう》の開祖である空海《くうかい》の創建と伝えられていますが、一時は寺勢が衰え、現在は臨済宗《りんざいしゅう》になっています。ただ、禅寺の雰囲気はありません。この寺がある朝《あさ》熊山《まやま》の麓に磐座があることも、その重要性を示しているように思います。

伊勢神宮も大神神社と同様に社殿がない時代があり、その頃は磐座で祭祀を行っていたとも考えられます。世阿弥《ぜあみ》作ともされる能の演目「三輪《みわ》」のなかに、「思へば伊勢と三輪の神。一体分身の御事今更何《おんこといまさら》と磐座や」という詞章《ししょう》があります。伊勢と三輪の神が一体のものとされ、しかも磐座が出てきます。これの意味するところは必ずしもはっきりしませんが、注目されるところです。

つまり、神社の形態の第1段階は、磐座などで祭祀を行っていた。第2段階では、磐座が鎮座する神体山が信仰の対象となる。大神神社では三輪山、伊勢神宮では朝熊山がそれにあたるわけです。第3段階になると、神体山の前に、俗界と区別するために鳥居が建てられる。第4段階で拝殿を建てられ、最後の第5段階で本殿が建てられる。このような変遷があったとも考えられます。大神神社では、本殿にまでは行きつかなかったわけです。

『古事記』のオオモノヌシ

大神神社に話を戻します。大神神社の祭神はオオモノヌシです。オオモノヌシはオオクニヌシと名前が似ており、第3章で触れたように密接な関係もあります。オオモノヌシは『古事記』『日本書紀』において、さまざまな形で登場しますが、まずは『古事記』から見ていきましょう。

第3章のおさらいになりますが、オオクニヌシが国づくりをしている時、相方《あいかた》であるスクナヒコナが常世国に去ってしまいました。そこに現れたのがオオモノヌシで、「自分を祀ってくれたら国づくりに協力しよう」と言い、国づくりを手伝いました。その褒美として、大神神社の神体山・三輪山に祀られたのです。

第2章で触れたように、中世において、国家の重大事や天変地異などが起こると、朝廷は二十二社に使者を派遣して神に祈らせました。二十二社は、朝廷から奉幣を受けていた神社で、伊勢神宮を筆頭に、石清水八幡宮、賀茂神社（賀茂別雷神社［上賀茂神社］と賀茂《かも》御祖《みおや》神社［下鴨《しもがも》神社、京都市］）などが並びますが、大神神社も含まれています。

二十二社はほとんどが畿内《きない》、すなわち山城《やましろ》国（京都府南部）、大和国、河内《かわち》国（大阪府南東部）、和泉《いずみ》国（大阪府南部）、摂津《せっつ》国（大阪府北中部と兵庫県南東部）にあり、上七社《かみななしゃ》、中《なか》七社、下《しも》八社に分けられました。畿内にないのは伊勢神宮、廣田《ひろた》神社（兵庫県西宮《にしのみや》市。193～194ページで詳述）、日吉《ひよし》大社（滋賀県大津市）です。

大神神社は中七社でした。伊勢神宮を含む上七社のほうが、格が高いように見えますが、これは都＝京都を基準にしたからでしょう。実際、上七社は春日大社以外、すべて京都の神社であり、中七社は大原野《おおはらの》神社（京都市）と住吉《すみよし》大社（大阪市）以外は奈良の神社です。

上七社の賀茂神社と松尾《まつのお》大社（京都市）には丹塗矢《にぬりや》、すなわち赤く塗られた矢の伝承があります。これと同じ話が『古事記』にもあり、初代・神武《じんむ》天皇の皇后選定について記載された箇所に出てきます。次のような内容です。

——オオモノヌシは、ミシマノミゾクイ（三島溝咋）の娘セヤダタラヒメ（勢夜陀多良比売）を見初《みそ》めると、姿を丹塗矢に変えます。セヤダタラヒメが川に用を足しに来たところ、オオモノヌシ扮する丹塗矢が、彼女の富登《ほと》（陰部）を突きました。セヤダタラヒメは驚きましたが、怪我はしなかったようで、矢を部屋の床に置いておきました。すると、いつのまにか矢は麗《うるわ》しい男の姿になっていました。セヤダタラヒメはオオモノヌシと結ばれて、生まれた娘が神武天皇の后《きさき》になった——。

時代が進み、第10代・崇神天皇の時に疫病が流行します。天皇が託宣を得るために神床《かむどこ》に座していると、夜、オオモノヌシが現れます。オオモノヌシは「疫病を治めたければ自分を祀るように」と託宣します。そして、祀り手としてオオタタネコノミコト（意富多多泥古命）を指名しました。その人物を探し出したところ、オオモノヌシの子孫であることがわかったので、三輪山でオオモノヌシを祀らせたというのです。

オオモノヌシが「自分を祀るように」と言うところは、国づくりの話と共通していますが、同様のことが『日本書紀』にも出てきます。

『日本書紀』のオオモノヌシ

『日本書紀』では、オオモノヌシが次のような形で登場します。

――崇神天皇7年2月、国中で災害が多発したため、崇神天皇が神浅茅原《かむあさじはら》に八百万の神々を集めて占ったところ、オオモノヌシがヤマトトトビモモソヒメノミコト（倭迹迹日百襲姫命）に神憑りをして、自分を祀るようにと告げた。同年8月、ヤマトトハヤカムアサジハラマクハシヒメ（倭迹速神浅茅原目妙姫）、オオミクチノスクネ（大水口宿禰）、イセノオオミノキミ（伊勢麻績君）は、オオモノヌシとヤマトノオオクニタマの祭主をオオタタネコとイチシノナガオチ（市磯長尾市）にするようにというお告げを夢で見た。同年11月、その通りにしたところ、国は鎮まったという――。

前述のように、日本人は江戸時代になっても、夢で見たことは真実であるという感覚を持っており、特に古代において、夢は神の啓示と受け取られていました。ここでは、複数の人が同じ夢を見ていたわけですから、いっそう、その感を強くしたでしょう。

このように、オオモノヌシを祀る話はさまざまに存在します。なお、ヤマトノオオクニタマは第1章で触れたように、アマテラスと共に朝廷に祀られていたことが災害を引き起こす原因として引き離される話がありましたから、祀る経緯については『日本書紀』に2回登場したことになります。ここからは、神々が鎮座するまでの経緯を語る物語が複数存在することがわかります。

さらに崇神天皇10年、前述の丹塗矢と似た話が出てきます。『古事記』では、神武天皇の皇后にかかわる物語でしたが、『日本書紀』では崇神天皇の事績とされています。時代が変わっているわけです。

それによると、ヤマトトトヒモモソヒメはオオモノヌシの妻となりましたが、オオモノヌシは夜にしか来ません。これは、当時の結婚形態が妻問婚《つまどいこん》だったからです。夫婦は別居していて、男性が女性の家に通うスタイルです。これでは夫がどういう人かわからない、姿を見せてほしい、とヤマトトトヒモモソヒメはオオモノヌシに頼みます。すると翌朝、オオモノヌシは小さな蛇の姿となって、櫛を入れる箱のなかに納まっていました。それを見たヤマトトトヒモモソヒメは驚いて叫んだところ、オオモノヌシは恥じて、三輪山に登ってしまいます。ヤマトトトヒモモソヒメが後悔して、腰を落としたところ、箸が陰部を突いたためにヤマトトトヒモモソヒメは死んでしまいます。その姫が祀られたのが、箸墓《はしはか》古墳（奈良県桜井市）です。箸墓古墳を、卑弥呼の墓とする学説もあります。

いずれにせよ、『古事記』『日本書紀』におけるオオモノヌシは、本人が活躍するというより、その周辺で出来事が起こり、彼をどのように祀るかが話の中心になっています。つまりオオモノヌシは個性がなく、そのイメージが湧きにくい神です。ただ、祀られる経緯が国づくり、災害、疫病など困ったこと・悪いことが起こった時であり、丹塗矢や箸墓の話からも、災厄《さいやく》をもたらし、ひいてはそれに祈願すればそれを抑えてくれる存在として捉えられていたことになります。

神仏習合

ここで、神仏習合について述べておきます。神仏習合とは、日本固有の神々への信仰（神道）と、日本に伝来した仏教に対する信仰との融合のことで、奈良時代より起こり、平安時代末から盛んになりました。はじめは神前で経を読むなどの行為が行われましたが、やがて神仏は本来、同じものであるとする方向に向かいます。

神と言えば、人間より上で崇高な存在に思えますが、仏教では、神も輪廻転生《りんねてんしょう》（命あるものは生死を繰り返して新しい生命に生まれ変わる）するひとつの存在にすぎません。神として生まれることは幸福なことではなく、神も仏教の修行をして悟《さと》りを開き、成仏《じょうぶつ》して輪廻転生の輪から逃れたいと考えている。仏教の側はそう捉えました。

これはあくまでも仏教側の理屈ですが、神仏習合の時代は、神道よりも仏教のほうが理論武装では進んでいました。仏教には経典が存在し、僧侶たちはそれを学んだのに対し、神道には前述のように教典が存在しなかったため、理論を構築する点で弱かったのです。神職より僧侶のほうがはるかに人数が多かったことも、仏教側に有利に働きました。

こうして、神の成仏を手助けするために、神社の境内に寺院が建てられるようになります。これが神宮寺《じんぐうじ》です。神宮寺では僧侶が神前で読経を行い、神体として仏像を祀ったりしました。こうしたあり方が中世から近世へと受け継がれるのですが、近代に入ると大きな転換が行われます。

江戸幕府は一般民衆を檀家《だんか》として、寺院に所属させることを義務づけました。いわゆる寺請制度《てらうけせいど》です。これは寺院が役所の機能を果たすもので、民衆は誕生、結婚、死亡のたびに寺院に届け出なければなりませんでした。やがて、僧侶が民衆に対して威張るような風潮が生まれます。少なくとも、民衆はそう感じていました。しかし、江戸時代も中期以降になると、国学や復古神道が盛り上がりを見せ、仏教を批判する動きも高まりました。

１８６８（明治元）年、明治政府は神仏分離令《しんぶつぶんりれい》を発します。神道国教化の方針を取り、神社を寺院から独立させたのです。これで、宗教をめぐる状況が根本から変わりました。そして、仏教に対する反感を持っていた人たちによって、寺院や仏像を破壊する廃仏毀釈《はいぶつきしゃく》が行われました。

伊勢神宮の門前町にある「豆腐庵《とうふあん》　山中《やまなか》」の横には、かつて法楽舎《ほうらくしゃ》という密教《みっきょう》の祈禱所がありました。今は石碑が立っているだけです。法楽舎のみならず、伊勢神宮の周辺には多数の寺院が存在していましたが、廃仏毀釈により、その多くが廃寺となりました。

このように、廃仏毀釈が起こって、破壊が進んだため、それ以前の神仏習合の時代の状況がわからなくなってしまいました。

2つの神宮寺

神仏分離令が発令されるまで、大神神社には2つの神宮寺がありました。

ひとつは大御輪寺《だいごりんじ》で、「おおみわでら」とも呼ばれたようですし、両方の名前で呼ばれていた可能性もあります。大御輪寺は廃仏毀釈によって廃寺となり、現存していません。そのことも、読みがはっきりしない要因です。

もうひとつの平等寺《びょうどうじ》（奈良県桜井市）は現存していますが、建立時のものではありません。やはり廃仏毀釈によって途絶え、1977年に再建されたものです。

2つの神宮寺は、室町時代に制作された「三輪山絵図《みわやまえず》」に描かれています。この図によれば、大御輪寺は大神神社の拝殿から西やや北寄り、現在のJR桜井線《さくらい》の近くに位置し、三重塔、本堂、庫裏《くり》、鎮守社《ちんじゅしゃ》などによって伽藍《がらん》が構成されています。いっぽう、平等

大神神社と三輪山の位置

寺は大神神社の南やや西寄りに位置し、医王院《いおういん》、不動堂《ふどうどう》、愛染堂《あいぜんどう》などが並んでいます。不動堂には不動明王《ふどうみょうおう》が、愛染堂では愛染明王《あいぜんみょうおう》が祀られていたわけで、密教系の寺院であったことがうかがえます。

上の図からもわかるように、２つの寺は現在の大神神社の境内からすこし離れています。ということは、かつての大神神社の境内は、現在よりもはるかに広かったことが考えられます。

明治政府は１８７１（明治４）年と１８７５（同８）年に上知令《じょうちれい》（「あげちれい」とも）を発布し、地租《ちそ》（土地に対する金納の固定税）を徴収するために、寺社が持っていた境内以外の土地を召《め》し上げました。それまでは、広大な土地を所有していた寺社もありました。たとえば、興福寺は中世の時代、大和国全体を寄進されていました。つまり、大和国は興福寺の土地だったのです。大神神社もかなりの土地を所有していて、2つの寺も境内地に含まれていた可能性があります。

大御輪寺は、奈良時代に大神寺《おおみわでら》として創建されました。ただ、聖徳太子《しょうとくたいし》が開山し、奈良時代に鑑真《がんじん》（律宗《りつしゅう》の開祖）が律宗に定めたとの伝承もあります。その後、鎌倉時代に叡《えい》尊《そん》（真言律宗《しんごんりつしゅう》の開祖）が、真言律宗の総本山・西大寺《さいだいじ》（奈良市）の末寺として中興し、名を大御輪寺に改めました。

律宗や真言律宗は、戒律を実践することを重視しました。また、叡尊は僧侶の腐敗・堕落を嘆き、戒律の復興を目指しました。興味深いのは、叡尊が興福寺の僧侶の子どもだったことです。僧侶が妻帯をして子どもを儲けることは戒律を破ること、破戒《はかい》にあたります。つまり、戒律を破って生まれた子どもが、戒律を復興させようとしたわけです。

大御輪寺は廃仏毀釈により、本堂は大直禰子《おおたたねこ》神社（奈良県桜井市）の本殿に転用され、他の堂塔は破却されました。本尊だった十一面観音像は聖林寺《しょうりんじ》（同）に移され、その後、国宝に指定されています。

私は、この十一面観音像を聖林寺で拝観したことがあります。2021年6月に東京国立博物館で展示された際にも、見ました。東京国立博物館では360度ぐるりと見ることができたので、どういう姿をしているかがよくわかりました。十一面観音像には優れたものが少なくありませんが、この十一面観音像はそのなかでももっとも優れたもののひとつではないかという印象を受けました。このような本尊を持っていた大御輪寺は相当、立派な寺院であったことが想像できます。

平等寺の開基《かいき》も、この寺によれば、聖徳太子とされています。ただ、寺院の言う開山・開基はあてにならないことも多く、実際に開いたのは鎌倉時代の僧侶・慶円《けいえん》です。当初は、大神神社関連の寺院を意味する「三輪別所《みわべつしょ》」と呼ばれました。鎌倉時代以降は興福寺の末寺となっています。

江戸時代になると、修験道《しゅげんどう》の一派である真言宗醍醐《だいご》派《は》の総本山・醍醐寺《だいごじ》（京都市）とも関係ができたようです。前述のように、「三輪山絵図」から密教とかかわりがうかがえ、平等寺が真言宗であった可能性もありますが、天台宗などでも密教を取り入れており、平等寺が真言宗だとは断定できません。

そもそも、この時代は宗派がはっきりとしていませんでした。一般的に、鎌倉時代に各宗派の宗祖が現れて以降、宗派は固定化したように思われがちですが、宗派が定着するのは江戸時代です。寺請制度と共に、本末《ほんまつ》（本山と末寺）関係が明確化されてからです。本山の宗派が末寺の宗派になり、末寺の檀家の宗旨がそれによって決まるという体制が確立されたわけで、それ以前の段階では、宗派はそれほど明確ではありませんでした。

明治時代になり、廃仏毀釈の嵐が吹き荒れると、平等寺は堂宇《どうう》を破壊され、仏像もよそに移されてしまいます。その後、前述のように1977年に曹洞宗《そうとうしゅう》の寺院として再興されました。金剛證寺の場合もそうですが、寺院が再興される際には禅宗《ぜんしゅう》になるケースが多いようです。

中世から近世にかけての空白

三輪山には「三光《さんこう》の滝《たき》」という滝があり、休憩所のような建物が用意されています。何のためにあるのかと言えば、滝行《たきぎょう》などの修行をする人のためです。また、山中で祈禱をする人たちもいるようで、三輪山によく登っていた歌人の岡野弘彦《おかのひろひこ》さん（國學院大學名誉教授）は、新興宗教の教祖のような女性が木に向かって祈っている姿を見かけたことがあるとエッセイに書いています。三輪山は、今日流行しているスピリチュアル・スポットの先駆となるものかもしれません。

稲荷神社の総本宮であり、千本鳥居でも知られる伏見稲荷《ふしみいなり》大社（京都市）の境内の奥には、標高233mの稲荷山《いなりやま》（同）があります。稲荷山も三輪山同様に神域とされ、山中には3つの磐座が存在します。しかし、三輪山のように禁足地とはされませんでした。

伏見稲荷大社では、711（和銅4）年2月初午《はつうま》の日に稲荷山に稲荷神が鎮座したとして、毎年2月に初午大祭《はつうまたいさい》が開かれます。古来、初午大祭の時に稲荷山を登る習俗がありました。清少納言《せいしょうなごん》も『枕草子《まくらのそうし》』で触れていますが、彼女には山登りはこたえたようです。このように、もし三輪山が禁足地とされず、開放されていたら、おそらく稲荷山と同じようになっていたことでしょう。

ここまでからわかるように、中世以降の神社は密教、またそれと深く関連する修験道の影響を強く受けていました。

社家のあるような神社では、そこで祀られる神がどのような存在であるのかということを理論化していき、それによって神道の流派が形成されました。たとえば伊勢神宮では、密教と伊勢信仰が結びつくことで「両部神道《りょうぶしんとう》」が生まれています。両部神道では、アマテラスと大日如来は共に太陽にかかわる存在であり、一体であるとされました。

大神神社でも「三輪神道《みわしんとう》（三輪流神道）」が誕生しました。創唱したのは、平等寺の慶円と言われています。大神神社の祭神はオオモノヌシですが、三輪神道では、大神神社に祀られる三輪明神《みわみようじん》はアマテラスと同体とされました。そして、密教の本尊である大日如来《だいにちによらい》が本地仏であり、天上における垂迹がアマテラス、地上における垂迹が三輪明神とされたのです。

これは三輪神道の独特な考え方ですが、アマテラスがかかわってきたことで、その位置づけが難しくなり、それで天上の垂迹という特異な考え方が生まれたようです。大日如来はまず天上の高天原にアマテラスとして現れ、次に地上に垂迹して三輪明神になったというのです。

神仏習合の時代にはさまざまな神仏が結びつけられ、複雑な様相を呈していきました。さらに、その結びつきを説明するような物語（中世神話）が次々と作られるようになりました。すこしでも関連性があれば、本来は関係のない神仏が結びつけられ、次々と新たな信仰が生み出されていったのです。そこに、密教や修験道の実践がかかわり、複雑さは増していくことになりました。

大神神社は、神社の太古の姿を今日まで伝えているとされていますが、その間の、中世から近世にかけての神仏習合の時代は、古代とも今日とも異なる姿を取っていました。それが、神仏分離によって見えなくなってしまっているところに問題があり、実際にどういう状況だったかを確かめられなくなっているのです。

次章では、コノハナノサクヤビメ（木花の佐久夜毘売）と浅間神社の関係について、山の神をテーマに見ていきます。

第5章

浅間神社と
コノハナノサクヤビメ

複数の浅間神社

富士山の麓には複数の浅間神社があり、その祭神はいずれも女神であるコノハナノサクヤビメです。富士山が世界遺産に登録された時、富士信仰について書いてくれと頼まれて、２０１３年に『日本人はなぜ富士山を求めるのか』（徳間書店）を刊行しました。本を書くにあたって文献を渉猟《しょうりょう》し、現地を見て回ったのですが、コノハナノサクヤビメの存在がけっして大きくないことを感じました。

コノハナノサクヤビメは『古事記』に登場しますが、富士信仰（日本の山岳信仰における代表的なもので、富士山そのものを信仰・崇拝の対象とする）のなかでは、必ずしも重要な位置を占めていません。

富士山は当初、世界自然遺産としての登録を目指しましたが、ゴミが多いなどの問題もあったために方針を変更し、２０１３年、世界文化遺産として登録されました。その正式名称は「富士山―信仰の対象と芸術の源泉」であり、構成資産にはいくつもの浅間神社が含まれています。

浅間神社のなかで有名なのは、全国に約１３００社ある浅間神社の総本宮・富士山本宮《ふじさんほんぐう》

富士山の世界文化遺産の構成資産

浅間《せんげん》大社（静岡県富士宮市）で、その奥宮は富士山の山頂にあります。

富士山は静岡県と山梨県にまたがっていますが、8合目以上（山頂は10合目）の土地（気象観測所や登山道などを除く）の所有権をめぐって、国と富士山本宮浅間大社が争い、裁判になりました。結局、富士山本宮浅間大社が勝利を収めました。富士山本宮浅間大社の境内には、この裁判で勝利したことを記念する碑が立っています。

いっぽう、山梨県側にあり、登山道の起点にある北口本宮《きたぐちほんぐう》富《ふ》士《じ》浅間《せんげん》神社（山梨県富士吉田市《ふじよしだ》）もよく知られています。富士山に登る際には、山梨県側から登る人のほうが多いため、世界遺産の登録に熱心だったのは山梨県側でした。実際に現地を回ってみても、2つの県の間に温度差を感じました。

富士山本宮浅間大社の北東には村山浅間《むらやませんげん》神社（静岡県富士宮市）があり、さらにその北西に山宮浅間神社があります。第4章で紹介したように、山宮浅間神社には社殿などの建物はなく、柵に囲まれた場所に石で組まれた遥拝所があります。そこから見えるのが富士山です。つまり、富士山を御神体として崇めるわけで、大神神社と同様に神社信仰の古いスタイルが残っているのです。

山の神と山神社

日本人にとって古来、山は信仰の対象でした。これは地域を問わず広範に見られます。第1章で触れたように、日本の神社でもっとも多いのは八幡神社ですが、10位が山神《やま》社です。

山神社とは、八幡神社、稲荷神社、天満宮などのように、特定の信仰を意味する固有名詞ではありません。文字通り、山の神を祀っているために山神社と呼ばれているのです。ですから、山神社には総本宮・総本社にあたるようなものはありません。それでも山神社が10位に入っているということは、日本人にとって山（山岳）は信仰の対象として重要であることを示しています。

それでは、富士山が信仰の対象になっていった経緯を見ていきましょう。伝説によれば、富士山に最初に登ったのは聖徳太子とされています。いや、「登った」という表現は適切ではありません。黒駒《くろこま》（黒い馬）に乗った聖徳太子が空を飛び、富士山を飛び越えたとなっているからです。

この情景が描かれているのが、聖徳太子の伝記を絵画化した「聖徳太子絵伝《しょうとくたいしえでん》」です。制作は1069（延久元《えんきゅう》）年、作者は秦致貞《はたのちてい》（「むねさだ」とも。また「致真」とも）です。氏《うじ》が「秦」ということは渡来人の可能性があり、そうだとすれば、大陸文化の影響も考えられます。日本では平安時代の終わりから鎌倉時代にかけて、多くの絵巻物が作られましたが、「聖徳太子絵伝」は絵巻物としては古いものになります。

聖徳太子は日本の宗教史、あるいは仏教史を考えるうえで、非常に重要な人物です。平安時代から、日本の仏教の始まりについて語る際、聖徳太子を最初に位置づけるのが定《じよう》石《せき》になっていました。

平安時代末期に成立した『今昔物語集《こんじやくものがたりしゆう》』は仏教・民間説話を集めたもので、本朝《ほんちよう》（日本）、天竺《てんじく》（インド）、震旦《しんたん》（中国）の三部に分かれています。有名な「羅城門《らじようもん》」などの物語はあくまでサイドストーリーで、本筋は仏教史です。つまり、三国仏教史なのです。そして本朝の冒頭で語られるのが、聖徳太子です。

これは、各種の『往生伝《おうじようでん》』でも同様です。『往生伝』とは、仏教者で極楽往生を果たした人の伝記集ですが、その最初に登場するのも聖徳太子です。

聖徳太子は仏教を信仰し、その興隆に努めたものの、僧侶ではありません。であるにもかかわらず、なぜ日本の仏教は聖徳太子から始まるのでしょうか。そこには、日本の仏教が在家信者中心である「在家仏教」の性格を持っているからだと考えられます。

聖徳太子は、富士山の信仰においても最初に登場します。しかし、馬に乗って富士山を乗り越えることなどできませんし、そもそも、斑鳩にいた聖徳太子が富士山を見たことがあるのかも不明です。富士山のある関東は当時、都からすれば未開の地とされていました。つまり、すべてが伝説ということになります。

他にも、中国・秦《しん》時代の伝説上の人物・徐福《じょふく》が日本に来て、富士山に登ったとの言い伝えがあります。また、奈良時代の呪術者で修験道の祖とされる役小角《えんのおづの》（役行者《ぎょうじゃ》）も富士山に登ったと言われています。

富士山に最初に登った人物

伝説ではなく、実際に富士山に最初に登ったとされているのは、平安時代前期の漢学者・漢詩人の都良香《みやこのよしか》です。

良香は、著書である『富士山記《ふじさんのき》』のなかで「富士山頂には1里《り》四方ほど（約15㎢）の平地がある」と述べています。さらに——中央は甑《こしき》のような形に窪《くぼ》んでいて池があり、虎がうずくまったような形の奇岩がある。窪地の底を覗くと湯が沸騰するようであり、青い蒸気が立ち上っている——とあります。誇張しているところもありますが、富士山の実態と重なる部分が多いため、良香は実際に富士山に登ったと考えられています。

平安時代中期に成立した菅原孝標女《すがわらのたかすえのむすめ》の回想録『更級日記《さらしなにっき》』には、富士山のことが出てきます。「山の頂《いただき》のすこし平《たいら》ぎたるより、煙は立ちのぼる。夕暮は火の燃え立つも見ゆ」とありますから、噴火もしくは、その兆候となるような光景を目《ま》の当たりにしたのでしょう。これは1020（寛仁《かんにん》4）年、彼女が13歳の時に、父親が役人として赴任していた上総《かずさ》国（千葉県北部、茨城県南西部）から、家族と共に京都に上る途中、東海道《とうかいどう》での出来事とされています。

注目すべきは、山に登ることに関して、日本人が古代から積極的であったことです。ヨーロッパでは、キリスト教の影響なのでしょうが、山は悪魔が住まう恐ろしいところという意識があり、山に入ることを躊躇《ちゅうちょ》しました。ヨーロッパで積極的に登山がなされるようになったのは、近代になって登山術が開拓されてからです。

いっぽう、日本では修験道をはじめ、昔から山岳信仰が盛んです。その意味では、富士山は高い山——おそらく平安時代の人たちも日本で一番高い山と認識していたと思います——、少なくとも孤立した山として目立つため、重要な山と考えられていたことが想像できます。

ただ、富士山は菅原孝標女が見たように、活発に活動していましたから（2023年4

月現在、最後の噴火は1707年の宝永大噴火《ほうえいだいふんか》、修験道の歴史のなかでは、やや時代が遅くなります。ちなみに修験道の初期に、信仰の対象や修行の場になったのは、大峰山《おおみねさん》（奈良県）、白山《はくさん》（石川県、福井県、岐阜県）などです。

村山修験と即身仏

富士山の修験道のことを「村山修験《むらやましゆげん》」と言います。平安時代後期、末代上人《まつだいしょうにん》（富士《ふじ》上人）によって開かれました。

史書である『本朝世紀《ほんちょうせいき》』によれば、末代は1149（久安《きゆうあん》5）年、富士山頂に大日如来を祀る大日寺《だいにちじ》（現在は廃寺）を建立しています。これによって、神体山である富士山は、密教の本尊である大日如来と同体であるという考え方が生まれました。

第4章で述べたように、平安時代末から神仏習合の時代に入り、神と仏が一体として結びつけられますが、密教では、大日如来とアマテラスが一体であるとの考え方が登場しました。両者共に太陽信仰にかかわっているため、容易に習合したのです。いっぽうで、大日如来の化身《けしん》とされたのが不動明王です。こうして、富士山＝大日如来＝不動明王という信仰が生み出されていきました。

実践面における村山修験の特徴は水行《すいぎょう》です。「水垢離《みずごり》を取る」とも言います。簡単に言えば、水を浴びることです。富士山の裾野は広く、膨大な量の雨水が土に浸透して、麓に流れていきます。実際、富士山本宮浅間大社の脇には相当な水量の池があります。そこに注ぎ込む川の流れもかなり激しく、水に恵まれた土地であることがよくわかります。その水を使って行をするわけです。

村山修験では、富士山は我々が亡くなったあとに赴く浄土として捉えられていました。末代上人は最期、浄土である富士山に入定《にゅうじょう》して即身仏《そくしんぶつ》となり、信仰の対象になりました。入定とは本来、悟りを開いて、輪廻の輪から脱したことを意味します。転じて、高僧などの死を指すようにもなりました。

即身仏になるということは、自分の体をミイラ化することであり、東北地方に多く見られます。古代エジプトなど、世界各地でミイラを信仰の対象にする文化が存在します。古代エジプトではミイラを作る際、腐《くさ》らないように内臓を取り出しますが、日本の即身仏ではしません。

２０２１年、国立科学博物館で特別展「大英博物館ミイラ展」が開かれました。その際、即身仏も展示されました。展示ではなく、「お出ましになった」と言うべきかもしれませんが……。即身仏になる方法がパネルで説明されていました。

それによると、即身仏になる本人が亡くなる前に断食を行います。最初に５種類の穀物を、次には10種類というように、段階を踏んでいきます。こうすると体内に腐るものが残らず、亡くなると自然にミイラになるのだそうです。ですから、末代上人も穀《こく》断《だ》ちをすることで、みずからが即身仏になっていったと考えられます。

村山修験をはじめ、修験道には密教の信仰が流れていますが、日本に密教が浸透するうえで大きな役割を果たした空海にも、高野山の奥之院《おくのいん》で入定したという伝説があります。金剛峯寺では、空海は現在も奥之院で生きているとされ、毎日2回食事が供されていますす。テレビ番組で、食事を運んでいる僧侶にインタビューしているところを見たことがありますが、インタビュアーが「お大師様《だいしさま》はお元気ですか」と質問すると、僧侶は「お元気です」と答えていました。

これは、比叡山でも同じです。延暦寺でも開祖である最澄《さいちょう》は浄土院《じょうどいん》で生きているとされて、やはり毎日食事を供えられています。

このように、生きながら入定する伝統が密教で培《つちか》われ、それが修験道に流れ込んできたわけです。

食行身禄の入定

鎌倉時代、富士山に頼尊《らいそん》という修行者が現れます。頼尊は、役小角が富士山に登ったという故事をもとに、富士山に登ること自体に修行としての価値があるとし、信仰を広めていきました。

その後、戦国時代に現れたのが、長谷川角行《はせがわかくぎょう》です。角行は、現在は人穴富士講遺跡《ひとあなふじこう》(静岡県富士宮市)と呼ばれている、洞窟のような場所で修行をしました。伝説によれば、4寸《すん》5分角《ぶかく》(縦横約15㎝)の角材の上に爪立《つまだ》ちして、1000日間の苦行を実践したとされています。インドには今でも、サドゥーというヒンドゥー教の修行者がいて、彼らのなかには手を上げ続ける、右足だけで立ち続ける、爪を伸ばし続けるなどの修行をしている人もいます。角行も、そうした形で苦行を実践したのではないかと考えられます。

角行は、末代上人にならって300日にわたる断食を実行して、そのまま死に至り、106歳で即身仏になったとされています。

即身仏になったことがはっきりしているのは、江戸時代中期の食行身禄《じきぎょうみろく》です。身禄はもともと伊藤伊兵衛《いとういへえ》という名前でしたが、富士講《ふじこう》修行者としての名前・食行身禄を名乗ったのです。富士講とは富士山への登山・参拝を目的とした組織のことで、身禄は富士講のリーダーとしても活動しました。身禄の名は弥勒《みろく》、すなわち弥勒菩薩《みろくぼさつ》から来ています。

日本には、仏教が伝来して早い段階で弥勒信仰が伝えられました。古い弥勒菩薩の仏像には優れたものが多く、中宮寺《ちゅうぐうじ》（奈良県生駒郡斑鳩町）の弥勒菩薩などもそうです。今日では「伝如意輪観音《でんにょいりんかんのん》」として伝えられていますが、これは中宮寺に密教が入ったあとにつけられた名前で、もともとは弥勒菩薩だったはずです。

弥勒信仰とは、釈迦が救うことができなかった衆生《しゅじょう》（すべての生物）を、釈迦入滅後の56億7000万年後に弥勒菩薩が兜率天《とそつてん》から地上に降りてきて（下生《げしょう》）、救うというものです。

インド人が考えることはスケールが大きいと言うか、そもそも地球が誕生してから現在まで46億年であり、56億7000万年後には地球が滅亡してしまっているかもしれません。そこまで待てないですよね。そのため、弥勒菩薩のいる兜率天に上っていく（上《じょう》生《しょう》）、弥勒菩薩にもっと早く降りてもらう（下生）という2つの信仰が盛んになりました。前者は主に古代、後者は中世から近世です。身禄が弥勒の名を名乗ったということは、救い主としての自覚があったのでしょう。

身禄は最期、富士山7合目の烏帽子岩《えぼしいわ》で断食・入定し、即身仏になりました。即身仏になるまでの過程を弟子が記録しており、それによると、穴のなかにいる身禄に呼びかけると最初は答えが返ってくるが、だんだん声が小さくなり、やがて答える声が返ってこなくなったそうです。これで入定したことになりました。

富士講と富士塚

江戸時代、江戸の町周辺には多くの富士講が存在しました。江戸時代よりも明治時代のほうが盛んだったようですが、始まったのは江戸時代です。

江戸幕府は治安維持を目的とした関所《せきしょ》を設置し、通行には関所手形が必要とされました。国内旅行にパスポートが要《い》るようなものです。なかでも、東海道の箱根関《はこねのせき》（神奈川県足柄下郡《あしがらしも》箱根町《はこね》）は、江戸防衛の観点から厳しく管理されました。

しかも寺請制度により、旅行をする際は寺に届けを出さなければなりませんでした。関所手形をもらうには、信仰を理由にしたほうがスムーズなため、伊勢神宮に参詣する伊勢参りが盛んになりました。同様に、信仰の山である富士山に行くのも許可が下りやすい。こうして、富士講に集まった人たちはお金を出し合うと、それを貯めて、代表者などが富士山に向かったわけです。

ガイド役になったのは御師《おし》です。御師には「おし」「おんし」の2つの読み方があり、伊勢神宮の場合は区別して「おんし」とする説があります。御師は言うなれば民間の宗教家であり、富士山では修験道の山伏《やまぶし》が先達《せんだつ》として、富士講の人たちを引き連れて富士山に登りました。

今なら、東京から富士山まで車などを使えば日帰りができるかもしれませんが、江戸時代は基本的に徒歩ですから、泊まる必要があります。富士山参詣のための宿泊施設が御師《おし》住宅《じゅうたく》で、富士山麓にはいくつもありました。現在も2軒だけ残っており、東京などから来た人たちが泊まり、富士山に登っています。富士山に何回も登る人たちもいて、御師住宅には「33回登りました」などの額《がく》が掲げられています。各地の浅間神社の境内にも、同様の石碑が建てられています。

とはいえ、江戸時代の人が富士山に行くのは大変ですから、地元に富士山を模した小山を造りました。富士塚《ふじづか》です。富士塚に登ると、富士山に1回登ったのと同じ御利益が得られるとされたようです。現在でもいくつか残っており、たとえば江古田浅間神社《えこだせんげんじんじゃ》（東京都練馬区《ねりまく》）の富士塚は高さ8mほどで、普段は登ることはできませんが、年に3回だけ登ることができます。

現代では高層ビルなどが邪魔をして、富士塚から富士山を見ることは難しくなっていますが、昔は富士塚に登れば富士山を実際に見ることができ、拝むことができました。

また、都内には富士見坂《ふじみざか》、富士見町《ふじみちょう》などの地名が多く残っています。富士山を仰ぎ見ることは、単なる景色ではなく、信仰の対象として見ていたのです。第4章で触れた三輪山などと異なり、富士山は遠くから見ることができます。現代でも、富士山に手を合わせる人は少なくありません。富士山が見えると何となくありがたく感じる。日本人にとって、富士山は特別な山なのです。

短命伝説

ここからは、浅間神社の祭神であるコノハナノサクヤビメがどのような存在であるかを神話から探っていきます。

『古事記』『日本書紀』では、天孫降臨の物語が重要なものとして出てきます。第３章で触れたように、オオクニヌシはアマテラスに国譲りを約束し、高天原から神が降りてきて、その神が地上の葦原中国を治めるという物語です。

アマテラスはタカミムスヒと相談して、まずアメノオシホミミを降ろして、葦原中国に遣わします。本人は自分が治めるつもりでしたが、子どもが生まれてしまいました。ニニギです。そこで、自分ではなくニニギが天降りしたほうがいいだろうとして、ニニギが天孫降臨をすることになりました。

ニニギは天降りする際、アメノコヤネノミコト（天児屋命）などの神をともない、珠・鏡・剣を携《たずさ》えていました。これは、皇室に伝わる「三種の神器」の由来を説く物語にもなっているわけです。また、『日本書紀』ではその時、ニニギは真床追衾《まとこおうふすま》に包まれていたとされます。現代でも、大嘗祭の時に造られる大嘗宮《だいじょうきゅう》の殿内には神座《しんざ》が設けられ、御《お》衾《ふすま》という寝具が置かれるのですが、これが真床追衾ではないかとの説があります。

『古事記』には、ニニギは「竺紫《つくし》の日向《ひむか》の高千穂《たかちほ》のくじふる嶺《たけ》」に天降ったと書かれています。この「高千穂」とはどこでしょうか。「日向」=日向国《ひゅうが》とすれば宮崎県になりますし、「高千穂」=高千穂峰《たかちほのみね》（宮崎県、鹿児島県）とすれば、宮崎県と鹿児島県になります。ですから、両県は自分のところこそ天孫降臨の地であると主張しています。これは裁判に訴えるわけにいきませんから、決着がつきませんね。

興味深いのは、出雲で国譲りの話があったにもかかわらず、ニニギが降るのは日向の高千穂である点です。『古事記』ではその後、神武天皇は東に攻め上ります。いわゆる「神武東征」です。そのため、出雲よりも東に離れた九州を選んだのでしょうか。ここは想像するしかありません。

ニニギは天降ったところに宮殿を建てた、と伝えられています。そして、コノハナノサクヤビメと出会います。ニニギは美しいコノハナノサクヤビメに一目惚れをして、結婚しようとします。そこに、父親であるオオヤマツミノカミ（大山津見神）という山の神が登場し、コノハナノサクヤビメの姉イワナガヒメ（石長比売）とも結婚させようとします。

しかしニニギは、醜女《しこめ》だったイワナガヒメを返してしまいます。オオヤマツミは、ニニギの命が「石」のように永遠になるようにと願ってイワナガヒメを遣わしたのに、ニニギはそれを返してしまった。そのために、代々の天皇は永遠の命を得られずに、短命になったというのです。

神話には、人間の寿命が短い理由を説明するものがあります。たとえば、ユダヤ教、キリスト教の聖典である『創世記』における、アダムとイブがエデンの園を追放された話もそのひとつです。神の命令に背《そむ》いた2人は楽園を追放されただけでなく、出産の苦しみや死を免《まぬか》れることができなくなります。

『古事記』『日本書紀』は天皇家が代々続いていた時代に作られていますから、当時の天皇の寿命が短い事実がここに反映していると考えられます。確かに、天皇のなかには夭逝《ようせい》した例が少なくなく、そのことは皇位継承に大きく影響しました。

コノハナノサクヤビメが祭神になった理由

ここまでは、オオヤマツミが山の神であること以外、コノハナノサクヤビメと富士山との結びつきはありませんが、その後、コノハナノサクヤビメが出産する時にその要因のひとつと思われる箇所が出てきます。

コノハナノサクヤビメは、ニニギとの一夜の交わりで子を孕《はら》みます。するとニニギは、「これは自分の子ではない、国津神《くにつかみ》（「国つ神」とも。次項で詳述）の子であるに違いない」と言い出します。コノハナノサクヤビメとしては、そんな疑いをかけられるのは心外だと、「自分が孕んだ子が国津神の子であるなら無事に出産できない。逆に無事に出産できたら天津神《あまつかみ》（「天つ神」とも。同）の子である」と宣言し、出産する小屋を内側から土で塞いでしまいます。

さらに、出産時にはそこに火を放ちました。こうしたことは古代の習慣で、たとえば、煮えたぎる湯のなかから小石を取り出させて、ただれの有無や状態によって罪の有無や主張の善悪を判断した盟神探湯《くがたち》があります。小屋に火を放てば、母子共に死んでしまうわけですが、天津神の子であるなら、天の力が働いて無事に出産できるとしたわけです。

そして、彼女は三柱の火の神、すなわちホデリノミコト（火照命）、ホスセリノミコト（火須勢理命）、ホオリノミコト（火遠理命）を出産しました。これによって、コノハナノサクヤビメが産んだ子どもたちは、天津神であるニニギの子であることが証明されたことになります。

ここで、コノハナノサクヤビメと火の神が結びつきました。また、彼女の父オオヤマツミは山の神です。ここに火と山とが結びついて、火山としての富士山とのかかわりができたのです。ただ『古事記』『日本書紀』では、これ以外にコノハナノサクヤビメが富士山と結びつく伝承は出てきません。ですから、その結びつきは、のちの時代になって生まれたものと考えられます。

富士山は猛々《たけだけ》しく雄々《おお》しいというより、優美で落ち着いたイメージがあります。そのため、女神が宿っていると考えられるようになったのかもしれないのです。

天皇の誕生

それでは、天津神と国津神について説明しましょう。天津神は高天原にいる神々、または高天原から天降った神々です。国津神は、葦原中国に住んでいる地上の神々です。

第1章でも触れましたが、『古事記』では最初に現れたアメノミナカヌシ、タカミムスヒ、カミムスヒ、ウマシアシカビヒコジノカミ（宇摩志阿斯訶備比古遅神）、アメノトコタチノカミ（天之常立神）は、そのまま姿を隠します。これらの神々は『日本書紀』でも最初に登場しますが、何もしないまま消えてしまい、タカミムスヒがタカギとして登場する以外、あとの話には出てきません。『古事記』では、これらの神々を「上《かみ》の件《くだり》の五柱の神は、別天神《ことあまつかみ》」、すなわち天津神としています。

いっぽう国津神は、『古事記』では神武東征における土着の勢力として登場します。

このように、『古事記』では「天の神」と「地の神」が対比しているわけですが、類似の表現に天神《てんじん》地祇《ちぎ》があります。天と地の二分法が神話を貫いているわけです。

イザナキとイザナミは高天原の神々に命じられて国生みをして、次に神産みをしました。地上の国ができたわけで、以降の天津神と国津神の系譜は165ページの図のようになります。

イザナミが亡くなった時には、イザナキの涙から神々が生まれます。イザナキが妻の行ってしまった黄泉国から戻ってきた時に穢れを祓った時にも神々が生まれています。この時に生まれたのが、アマテラスです。アマテラスは天津神とされていますから、その系譜は最後の穢れを祓ったところから始まったことになります。対して、国津神はオオヤマツミから始まるので、神産みから系譜が始まることになります。

天津神と国津神の系譜

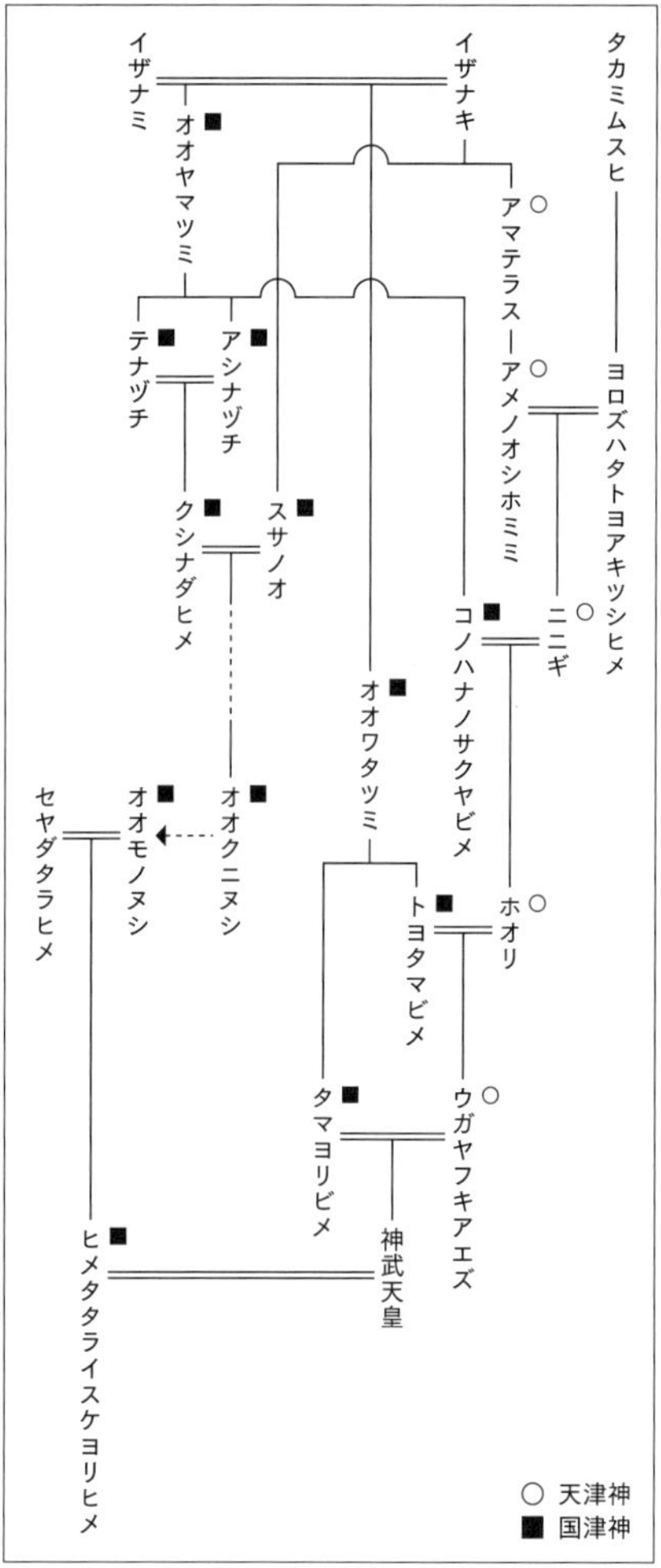

天津神系はその後、アマテラスからアメノオシホミミ、ニニギへとつながっていきます。アマテラスは女神ですが、他は男神です。

国津神系ではその後、オオヤマツミの娘コノハナノサクヤビメはニニギと、オオヤマツミの孫クシナダヒメはスサノオと結婚します。また、他の女神たちも天津神の結婚相手になっています。スサノオはアマテラスの弟ですから、本来は天津神なのですが、出雲国に行って活躍したため、国津神に転じたと考えられています。他に男神の国津神としては、オオクニヌシやオオモノヌシが挙げられます。

重要なことは、天津神と国津神はどちらもイザナキとイザナミに遡《さかのぼ》ることです。それが分かれて、２つの系統が生まれました。こうして、男神の天津神が女神の国津神と結婚することが可能になったのです。

コノハナノサクヤビメがニニギと結婚して、ホオリが生まれます。ホオリはオオワタツミノカミ（大綿津見神）の娘トヨタマビメノミコト（豊玉毘売命）と結ばれ、その間に生まれたウガヤフキアエズノミコト（鵜葺草葺不合命）は、トヨタマビメの妹タマヨリビメノミコト（玉依毘売命）と結婚します。その間に生まれたのが、神武天皇です。なお、オオワタツミはオオヤマツミと同様、神産みの際に生まれています。

　このように、男神の天津神が女神の国津神と結婚することで、やがて神武天皇へと至ります。つまり、「天（の神）」と「地（の神）」の両方の力が合わさることで、天皇が生まれるという物語になっているのです。

　こうした神々の結婚は日本だけではなく、世界の神話にも見ることができます。それが「ヒエロス・ガモス（聖なる結婚）」と言われるもので、世界を創造した天の神と地母神《ちぼしん》が結婚する物語です。ギリシア神話では、地母神ガイアがみずからが産んだ天空神ウラノスと結婚して、神々の祖となる物語があります。

　キリスト教では、天の神とマリアとの間にイエス・キリストが誕生したことになっていますが、マリアには地母神のイメージがつきまとっていますから、ヒエロス・ガモスの1例として見ることができます。あるいは、神と結ばれたがゆえに、マリアが地母神のような存在として崇められるようになったと捉えることもできます。

征服者と被征服者

注目すべきは、天津神と国津神の対比が単に「天の神」と「地の神」に二分されるだけでなく、天津神は征服者側、国津神は被征服者側である点です。『古事記』『日本書紀』では、征服する天津神と征服される国津神の対立が随所に出てきます。

たとえば国譲りの話は、国津神のオオクニヌシがスクナヒコナやオオモノヌシと共に出雲国をつくり上げたところ、それを譲るよう天津神のタケミカヅチとアメノトリフネが要求し、それが行われました。そこに、実際の歴史が反映されているかはわかりませんが、征服・被征服の関係にあることは間違いありません。

天孫降臨の話も、天津神のニニギがアメノコヤネなどをともなって降ってきて地上を支配するわけですから、征服の物語です。その後の神武天皇の東征の話も、各地の国津神を平らげて、最終的に大和に都を打ち立てる征服の物語になっています。

ヤマトタケルの話の設定は『古事記』と『日本書紀』で異なることは第2章で見た通りですが、これも各地を次々に征服していく物語です。

このように、『古事記』『日本書紀』では征服の物語が繰り返し述べられます。つまり、天皇家、朝廷が征服していく過程を物語化したのが、『古事記』『日本書紀』の神話であると考えられるのです。

異類婚

本章の最後に触れておきたいのが、「異類婚」です。

トヨタマビメは出産する際、夫ホオリに「願はくは、妾《あ》をな見たまひそ」と告げました。「お願いですから、私の姿を見ないでください」と言ったわけです。この「見ないで」は神話の常套手段です。そう言われると見たくなるのは人間だけでなく、神も同じようで、黄泉国に赴いたイザナキもそうでした。

ホオリも我慢できず、ひそかに妻のお産する姿を盗み見てしまいます。すると、トヨタマビメは八尋鮫《やひろわに》となり、腹這《はらば》いで蛇のようにうねっていました。八尋鮫は鰐《わに》ではなく鱶《ふか》を指しているようです。トヨタマビメは人間ではなかったのです。ホオリは人間ではない存在、すなわち異類と結婚したことになります。

トヨタマビメの父親は、前述のようにオオワタツミです。「ワタ」は「海」の古語、

「ツ」は「の」を表す上代《じょうだい》の格助詞、「ミ」は神霊を意味します。ですからワタツミは「海の神霊」、つまり海の神を表しています。その海の神の娘トヨタマビメは鱶だったことになります。

そして、生まれたのがウガヤフキアエズです。ウガヤフキアエズはトヨタマビメの妹タマヨリビメと結婚します。タマヨリビメが出産した時に鱶になったという話は伝えられてはいませんが、姉妹で異なるとは思えませんから、やはり鱶なのでしょう。ということはタマヨリビメから生まれた神武天皇には、二重に鱶の血が入っていることになります。

これをどう解釈すべきか、難しいことではありますが、神話の世界では、特別な存在の生まれ方が異様なものとされることがよくあります。マリアの処女懐胎《かいたい》、釈迦が母親の脇腹《わきばら》から生まれたことなどが、その例です。

海の神ワタツミは、海に囲まれた日本ではかなり重要な存在になります。海に囲まれ、生活が深く海とかかわっている。このことは、日本の歴史や文化に大きな影響を与えてきました。次章では、海の神について見ていきます。

第6章

宗像大社と宗像三女神

海の神

第5章では、浅間神社とコノハナノサクヤビメについて説明しました。併《あわ》せて山の神についても触れました。今回登場する神々は海の神です。最初に宗像大社《むなかた》（福岡県宗像市）と宗像三女神を、次に住吉大社と住吉三神《すみよしさんじん》を取り上げます。

日本は海に囲まれており、海は古代から重要な交通路でした。古代人は国内のみならず、玄界灘《げんかいなだ》を越えて朝鮮半島にも渡っています。

航海をするには潮《しお》の流れを利用しますが、モノの流れも潮に乗るように、九州から本州へ向かう形になりました。モノだけでなく、たとえば疫病も、外国使節との交歓が行われた大宰府《だざいふ》など九州から始まって西に広がるパターンが多かったようです。神武天皇の東征も、高千穂のあった九州から大和に上ってきた話になっています。そう考えると、邪馬台《やまたい》国《こく》の所在地は畿内などさまざまな説がありますが、九州としたほうが理解しやすい気がします。

九州と畿内を結びつける重要な航路となったのが、瀬戸内海《せとないかい》です。外海だと潮の流れに逆《さか》らうことに苦労しますが、瀬戸内海の潮の流れは強くないところが多いため、行ったり

宗像大社の3宮

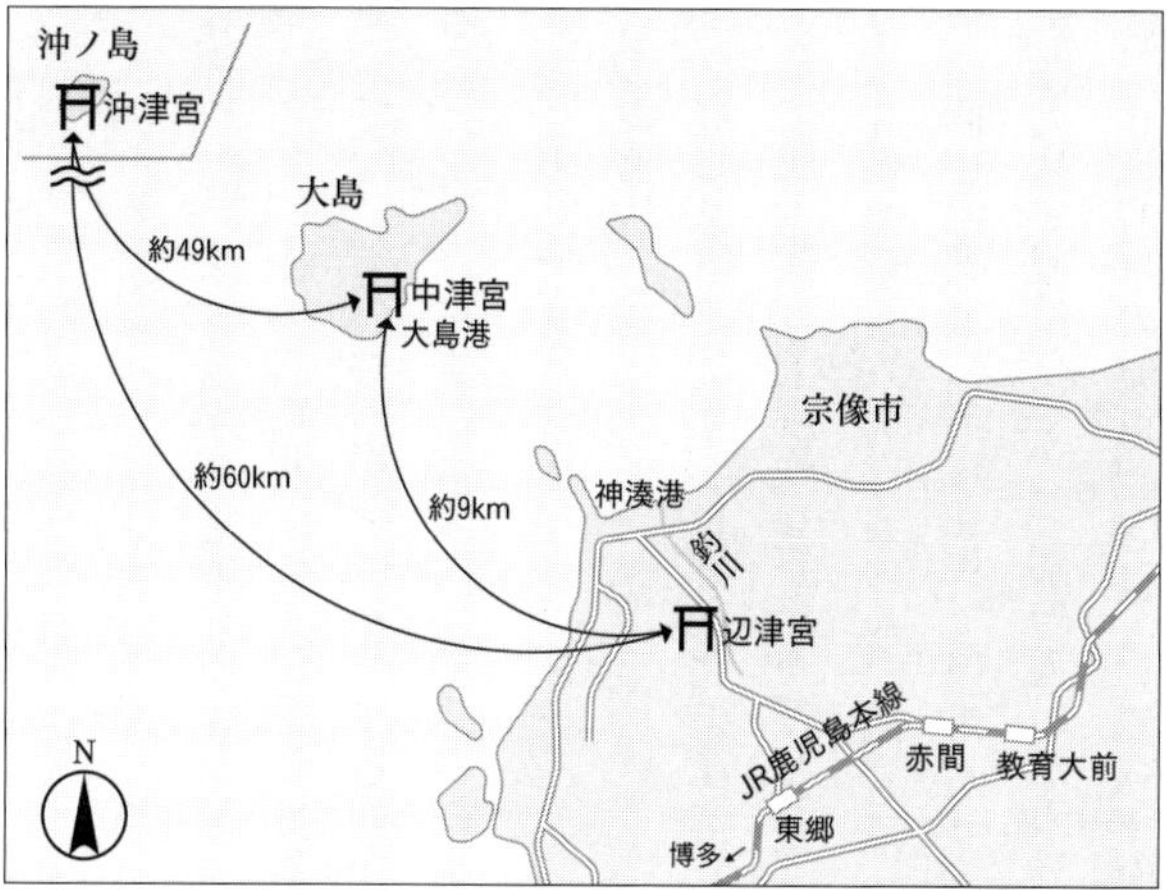

来たりが容易にできたわけです。

それでは、宗像大社とその祭神・宗像三女神から見ていきましょう。

宗像三女神とは、タキリビメノミコト（多紀理毘売命）、タキツヒメノミコト（多岐都比売命）、イチキシマヒメノミコト（市寸島比売命）の総称です。タキリビメは玄界灘の孤島である沖ノ島の沖津宮《おきつぐう》（福岡県宗像市）に、タキツヒメは沖合にある大島《おおしま》の中津宮《なかつぐう》（同）に、イチキシマヒメは本土にある宗像大社の辺津宮《へつぐう》（同）に祀られています。

アマテラスとスサノオの誓約については、第2章で触れました。この時、アマテラスから生まれた三柱の女神こそ、宗像三女神です。『古事記』には、「この三柱の神は、胸形君《むなかたのきみ》等のもち拝《いつ》く三前《みまえ》の大神なり」と記されています。胸形君が宗像氏になるわけで、彼らは宗像地方および広大な海域を支配した海洋豪族です。その宗像氏が祀っていたのが宗像三女神だというわけです。

ところで、山の神の場合、神は山に鎮座しているわけですから、それぞれの山で祀られます。では、海の神の場合はどうするのか。海のなかで祀ることは難しいですから、島に祀ることになります。宗像大社でその役割を果たしたのが、大島と沖ノ島です。

オイワズサマ

沖ノ島は2017年、世界文化遺産に登録されました。のちほど詳しく説明しますが、沖ノ島では古代、大規模な祭祀が行われていました。祭祀に使われた膨大な遺物が残っており、高価で珍しい品々もあるため、「海の正倉院《しょうそういん》」とも称されています。現在、約8万点が一括して国宝に指定されています。

宗像大社では長らく、一部の人しか入島を許可していませんでした。ただ、1年に1回だけ、5月27日の海軍記念日（日露戦争の日本海海戦でバルチック艦隊を破った日）には、一般の人でも応募すると沖ノ島に上陸できました。ところが、世界文化遺産の登録を機に、宗像大社は原則、沖ノ島を入島禁止としました。

私も沖ノ島に行ったことはありますが、島のなかに入ったことはありません。ちなみに、その時は海上タクシーに乗って大島の中津宮に行き、それから沖ノ島まで行きました。

沖ノ島のある玄界灘は漁場でもありますから、漁師が流されて辿り着くことや、嵐を避けるために避難することもあります。そうなると、島に入らざるを得ませんから、島にあるものを見てしまいます。たとえば、「黄金谷《おうごんだに》」と呼ばれるところには、祭祀の際に使われた金銀を用いた貴重な宝物が残されていました。

ただし、島で見たものは口外してはならないとされてきました。そのため、沖ノ島は「オイワズサマ（不言様）」とも呼ばれました。今なら、スマートフォンなどで撮り、ＳＮＳを通じて一気に拡散するのでしょうが、古代から多くの人が神々への信仰を持ち、島で見たことを口外すると祟りがあると信じられていました。こうして、島のことは噂になっても、秘密は守られ、遺物も残されました。

沖ノ島で祭祀が行われていたのは4世紀から10世紀と推定されています。その際にさまざまな道具が用いられたのですが、1回使われたものはそのまま放置され、土の下に埋まっていました。

宗像出身で出光興産の創業者・出光佐三《いでみつさぞう》が調査団を組織して、1954年に学術調査を行いました。タブーを破っていいのかという議論もあったでしょうが、宗像大社が荒廃していたこともあり、その復興を目的として大規模な発掘調査が行われました。調査は全部で3回行われ、古代オリエント史の専門家で歴史学者としても知られる三笠宮崇仁《みかさのみやたかひと》親王もその調査に参加しています。

調査によって、多くの遺物が発見されました。具体的には鏡、金銅製の馬具、金製の指輪、盾、挂甲《けいこう》（鎧《よろい》）、刀、矛《ほこ》など。なかには、シルクロードを通ってきたであろうペルシア製のガラス器、中国や朝鮮半島由来の金製品などもありました。発掘された主なものは現在、九州国立博物館などで展示されています。

記録がない！

発掘によって、祭祀が何回も行われていたことがわかりました。また、祭祀で使用したものはすべてそのまま放置され、捨て置かれるような形で残されていたこともわかりました。１回使ったものは二度と使わなかったのです。金製品など高価なものもありますが、惜しげもなく放置されていました。

沖ノ島は孤島ですから、持ち帰るのが難しかったのかもしれません。しかしそれよりも、第４章で述べたように、当時の人たちが——祭祀の場に神が現れた。祭祀に使用したものは神に捧げたものだから、人間は触れない。それらは持ち帰るべきではない——と感じていたからだと思います。「一期一会《いちごいちえ》」という言葉がありますが、神との出会いもそうしたものだったのです。

不思議なことに、こうした祭祀についていっさい記録がありません。『古事記』『日本書紀』に記載されていませんし、他にも史料がありません。『日本書紀』は史書ですから、祭祀が行われた記録があってもよさそうなものですが、何も書かれていません。

祭祀が行われたと推定される４世紀から10世紀は、古墳時代から飛鳥時代、奈良時代を経て、平安時代です。平安時代であれば、文献資料があっても不思議ではありません。貴族の日記にも登場しないことを考えると、祭祀は秘密裏に行われた可能性もあります。あるいは、知っていてもあえて書かなかったのか……。日本史における大きな謎です。

では、祭祀の主宰者を推理してみましょう。沖津宮があることからわかるように、沖ノ島は宗像大社の境内地です。そうであれば、宗像大社が主催者かというと、そこまでの力が一《いち》神社にあったのかは疑問です。

正倉院（奈良市）には、多くの貴重な宝物が収蔵されています。それらと匹敵するということで、沖ノ島は「海の正倉院」と呼ばれているのです。ペルシア製のガラス器など、簡単に手に入るものではありません。入手するには、強い権力と経済力が必要になります。また、孤島である沖ノ島に渡るには、舟や人員などを調達する必要があります。

それらを可能にする勢力、それはヤマト王権ということになります。少なくとも、ヤマト王権が何らかの形で関与していたと考えられます。

磐座の謎の一部が解明

遺物が残っていたため、前述の調査によって、祭祀が行われた場所が判明しました。興味深いことに、その場所は時代によって変化しています。

4世紀後半から5世紀にかけては、巨大な岩の上でした。沖ノ島には巨大な岩が12個ほどあり、そこで祭祀が行われました。岩の上で祭祀を行ったということは、対象は天にいる神になります。天津神に捧げられた可能性もあります。

5世紀後半から7世紀にかけては、岩陰で行われました。豪華な品の数々は岩陰で発掘されています。ということは、重要な祭祀は岩陰で行われたことになります。ここまでお話ししてきたように、日本には巨大な岩を祀る磐座の信仰があります。沖ノ島もまさにそうなるわけですが、遺物が残っていたために磐座でどのような祭祀が行われていたかがわかったのです。

7世紀後半から8世紀前半にかけては、岩からすこし離れて、半露天・半岩陰となる場所で行われています。

8世紀から10世紀になると、完全に露天で行われています。磐座の信仰から離れたことになります。

出土品に関しても、終わりの時期になると、海外からの輸入品ではなく国内で作られたものが使われるようになります。この変化が何を意味しているのかはわかりませんが、前述のように岩陰で行われていた時に豪華なものが使われていたということは、祭祀の重要性が時代を経るにしたがって低下したことを意味しているのかもしれません。あるいは、露天で行われるようになったのは参加者が増えたからだとも考えられます。そのために、秘儀ではなくなったのかもしれないのです。

祭祀が行われた季節は冬が推定されます。なかでも、二十四節気《にじゅうしせっき》のひとつである冬至《とうじ》が想定されます。

冬至は1年でもっとも昼の時間が短くなる時で、現在の太陽暦（グレゴリオ暦）では12月22日前後です。冬至を境《さかい》に日が長くなり、正月を経て旧年が終わり、新年が始まります。昔の人にとって、1年が終わることはひとつの時代が終わって新しい時代が始まることであり、それを機に世の中が更新されると考えました。そうであれば、重要な祭祀をするのは、冬至あたりではないかと考えられるのです。要するに、新年の儀礼の可能性が強いのです。

冬の玄界灘は荒れることも多く、難所とされています。当時はそれほど立派な舟だったとは思えませんから、時には難破することもあったでしょう。冬の海に投げ出されたら命がない。そのような危険を冒《おか》してでも沖ノ島に渡り、祭祀を行ったのです。まさに命がけです。その分、祭祀が終わって島から戻ってくる時、大きな安堵感に包まれたことが想像できます。

何が行われていたのか

では、沖ノ島の祭祀はどのようなものだったのでしょうか。

それについてはひとつの仮説があります。仮説を立てたのは、国文学者の益田勝実《ますだかつみ》先生(元法政大学教授)です。益田先生には『秘儀の島――神の日本的性格／古代人の心情ほか』(ちくま学芸文庫)という著書がありますが、「秘儀の島」は沖ノ島を指しています。

実は、私は東大の3、4年生時に益田先生の講義を受けていました。同書に出てくる内容も直接聞いています。益田先生は話がうまくて、面白い。授業時間110分全部を使い、さらに終了のベルが鳴っても続けて120分ぐらい話し続けるのですが、まったく飽《あ》きませんでした。他大学から〝もぐり〟の学生が多く来ているほどでした。

益田先生は前述の発掘調査に加わっていませんが、その調査報告書をもとに研究・分析しています。ちなみに、調査報告書は、『沖ノ島』『続沖ノ島』『宗像沖ノ島』（宗像神社復興期成会編著、宗像大社復興期成会）として大部の書物にまとめられています。

この調査報告書では、何がどこで発掘されたかが細かく報告されており、益田先生は岩陰で祭祀が行われていた時代の7号遺跡に着目しました。7号遺跡の遺物は3カ所に分かれており、左側では馬具などが出土しました。ただ、島に馬を運ぶのは無理だったように思います。右側には剣の先がまとまって出土したところがあり、中央では玉（珠）などの他、鉄刀の先も散らばっていました。

益田先生はこれらから、7号遺跡で行われた祭祀は、アマテラスとスサノオの誓約の場面ではないかと考えるようになります。遺跡の左側は馬に乗って現れたアマテラスを、右側はスサノオを、中央は誓約によって生まれた宗像三女神を表しているというわけです。

益田先生は明言していませんが、島では演劇的なものが繰り広げられていたのではないかと私は考えています。たとえば、アマテラスに扮する人やスサノオに扮する人が登場し、剣や珠を使用して霧を吹き出し、宗像三女神が生まれる光景を再現したのではないでしょうか。

ただし「再現」という言葉を使うことには躊躇します。なぜなら、7号遺跡は5世紀後半から7世紀にかけてのものと見られており、その時期は『古事記』『日本書紀』はまだ編纂されていないからです。ですから、『古事記』『日本書紀』に書かれていることを沖ノ島で「再現」したとは言えません。むしろ、『古事記』『日本書紀』に先立って沖ノ島で演じられた、あるいは島の祭祀をもとに神話が作り出されたと考えるべきかもしれません。

このあたりについて、益田先生も本のなかで悩んでいました。ただ、調査報告書を見て気づいた時の驚きは、相当なものだったのではないでしょうか。

残念ながら、この説は文献資料がないので証明ができませんが、魅力的であり、また有力でもあります。というのも、沖ノ島で祭祀の主宰者がヤマト王権だとすると、なぜヤマト王権がこのような祭祀を行ったのか、その理由が見えてくるからです。

ヤマト王権にとって、イザナキとイザナミの国生み・神産みも重要ですが、その後、アマテラスとスサノオがヤマト王権にとって重要な神になっていくことを考えると、誓約の場面のほうがより重要と判断した可能性があります。

すなわち——宗像三女神が誕生した時のドラマが沖ノ島で祭祀として演じられた。これを行うために貴重なもの、豪華なものを含むおびただしい物品を持参して、命がけで島に渡って行う一大スペクタクルの祭祀——。ここには、国家がどうしてもしなければならない、つまりは日本の国、ヤマト王権のアイデンティティの根源があったのではないでしょうか。

アマテラスとスサノオの誓約という行為は、この国を形成するうえで決定的に重要なものと考えられていたわけです。

「3」が意味すること

ヤマト王権が重要視したアマテラスとスサノオの誓約、その際に生まれた宗像三女神もまた、きわめて重要な存在です。宗像三女神を祀る各地の神社では、三柱を祀っているところもあれば、二柱を祀るところ、一柱を祀るところもありますが、いずれも海の神として祀っています。

ここで鍵となるのが「3」という数字です。

イザナキとイザナミによる神産みによって生まれたのがオオワタツミで、彼は言うなれば海の神のなかの〝大親分〟的な存在です。オオワタツミの娘が神武天皇の祖母で、八尋鮫の姿で出産したトヨタマビメであることは前述した通りです。

黄泉国から戻ってきたイザナキが禊《みそぎ》をすると、アマテラス、スサノオ、ツクヨミが生まれ、それぞれに高天原、夜の食国、海原を支配するように命じました。海の神ではありませんが、ここでも三柱が同時に登場しています。

この禊の時に、ソコツワタツミノカミ（底津綿津見神）、ナカツワタツミノカミ（中津綿津見神）、ウワツワタツミノカミ（上津綿津見神）という三柱の神も生まれています。名前に「ワタツミ」がついていることからもわかるように海の神であり、「綿津見三神《わたつみさんしん》」と総称されます。

『日本書紀』には、ソコツワタツミノミコト（底津少童命）、ナカツワタツミノミコト（中津少童命）、ウワツワタツミノミコト（表津少童命）は阿曇連《あずみのむらじ》らが祀る神と記載されています。つまり、安曇氏の祖先神は綿津見三神ということです。ちなみに、「漢委奴國王」と刻まれた金印が発見されたことで知られる志賀島《しかのしま》（福岡市）にある志賀海《しかうみ》神社（同）では代々、安曇氏の末裔が宮司を務めています。この島は安曇氏発祥の地とされています。また、安曇氏は穂高《ほだか》神社（長野県安曇《あずみ》市）などともかかわりがあり、海と山の両方にまたがる勢力です。

イザナキの禊では綿津見三神と共に、住吉大社の祭神である住吉三神、すなわちソコツツノオノミコト（底筒之男命）、ナカツツノオノミコト（中筒之男命）、ウワツツノオノミコト（上筒之男命）も生まれています。

『古事記』（岩波文庫）の注には、住吉三神の「筒は星（つつ）の借字で、底・中・上の三筒之男はオリオン座の中央にあるカラスキ星（参）を指し、これを目標として航海したところから、航海を掌《つかさど》る神と考えられる」とあります。三柱の神はカラスキ星（唐鋤星）、すなわちオリオン座の三ツ星に由来するというわけです。ですから、宗像三女神は三柱の女神でなければならないのです。

住吉大社の特異な本殿配置

ここからは、住吉大社と住吉三神について見ていきます。

住吉大社の４本宮

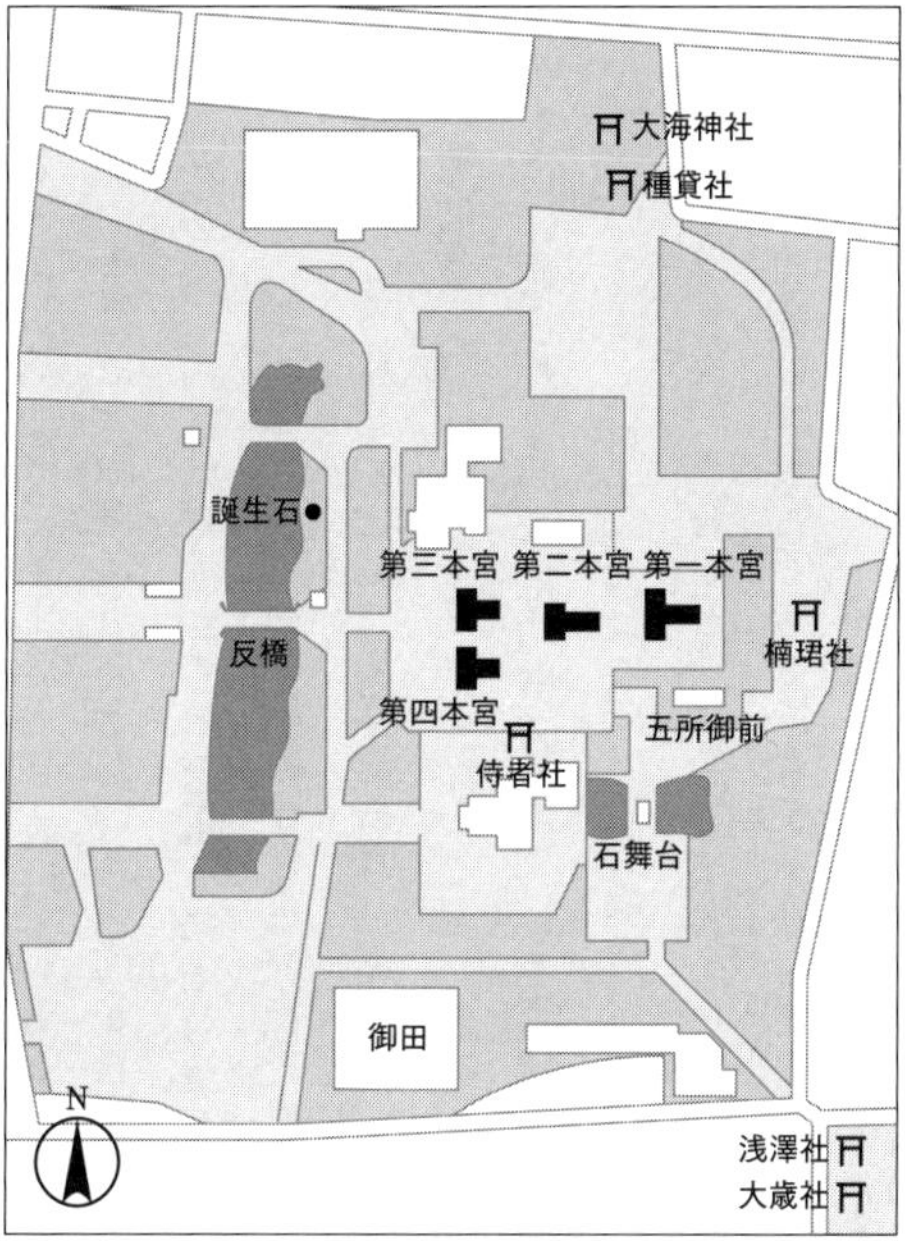

住吉大社は本殿の並び方に特徴があります。第一本宮、第二本宮、第三本宮は住吉三神を祀っているのですが、上の図のように第一本宮から順に縦に並んでいます。第四本宮は仲哀天皇の皇后である神功皇后を祀っているのですが、第三本宮の隣に位置しています。

本殿が横に並ぶ配置は春日大社など多くの神社に見られますが、縦に並ぶのはきわめて珍しく特異です。これは、航海している船団の様子を表したものとする説があります。

現在の住吉大社は大阪湾に近いとはいえ、海から離れていますが、これは埋め立てが進められたからで、古代には海がもっと近くにありました。港である難波津《なにわづ》（大阪市）に近かったのです。難波は瀬戸内海に出航する出発点でもあり、瀬戸内海から難波に来て、京都や奈良に向かう中継点ともなる重要な場所でした。古代には、都が開かれたこともありました。難波京《なにわきょう》（難波宮《なにわのみや》）です。

第四本宮に祀られている神功皇后は、『日本書紀』ではその事績について1章（1巻）が割《さ》かれています。『日本書紀』は、重要な天皇に関しては1巻ずつが割り振られていますが、なかには3代で1巻など、複数でまとめられていることもあります。

対して、神功皇后は皇后であるにもかかわらず1巻が与えられているということは、重要視されたわけです。実際、神功皇后は仲哀天皇の没後、長らく摂政《せっしょう》を務め、その間にさまざまな出来事が起こりました。摂政というと、のちの藤原氏が摂政・関白《かんぱく》を独占したことがイメージされますが、制度が始まった頃は皇族が摂政を務めるのが基本でした。その伝統は、大正時代に皇太子だった昭和天皇が摂政に就任したことに受け継がれています。

仲哀天皇が亡くなったあと、別の天皇が立つのが自然な流れです。しかし、天皇が不在のまま、神功皇后が69年間にわたって摂政を務め、神功皇后が死去した翌年、息子である応神《おうじん》天皇が即位しました。

ここから、神功皇后は神功天皇だったのではないかとも考えられ、事実、明治時代までは「天皇」とされていましたが、大正時代の終わりに、皇統譜から外されました。日本史には女性天皇も存在していたわけですから、神功皇后を天皇としてもいいように思うのですが、なぜか「皇后」とされるようになったのです。

天皇さえ殺す神

仲哀天皇が亡くなる時のことは『古事記』『日本書紀』に掲載されていますが、『古事記』のほうが興味深い話になっているので、そちらを紹介します。

仲哀天皇は、熊曽《くまそ》討伐のため、筑紫《つくし》（北九州）の訶志比宮《かしひのみや》（現在の香椎宮《かしいぐう》〔福岡市〕）に赴きます。その場所で、仲哀天皇が琴を奏で、神功皇后が依代となって神を降ろすことが行われました。すると、降りてきた神は、西海《さいかい》の宝の国（新羅）を授けるという託宣を下します。

しかし、仲哀天皇は高いところに登って西方を眺めても、海が広がっているだけで国などありません。仲哀天皇は、この神は偽物ではないかと疑います。すると、臣下のタケウチノスクネ（建内宿禰）が、仲哀天皇にもう一度神を降してもらうことをすすめます。仲哀天皇は気が進まなかったのですが、再度、琴を弾き始めます。最初は琴の音が聞こえていたけれど、途中から音が消えてしまいます。タケウチノスクネが覗いてみると、天皇はすでに息絶えていた――。

神は、自分の命じたことに従わなかった仲哀天皇の命を奪ったわけです。

タケウチノスクネは5代の天皇に仕えたとされ、300歳を超えたと言いますから、伝説上の人物ですね。また、仲哀天皇が琴を奏で、神功皇后が依代となる場面は吉野ヶ里遺跡で見ることができることは、すでに触れました。吉野ヶ里遺跡は、邪馬台国の九州説を主張する重要な根拠ともなっていますが、神功皇后＝卑弥呼との説もあります。そのために神功皇后が神憑りした場面を再現しているのかもしれません。

仲哀天皇が亡くなったあと、タケウチノスクネは神に正体を明かしてくれるよう、うかがいを立てます。すると、「これはアマテラスの御心《みこころ》から出ている。また、ソコツツノオ、ナカツツノオ、ウワツツノオの三柱の大神である」と返ってきました。天皇を殺した神は、アマテラスだったのです。

アマテラスにとって、仲哀天皇は子孫です。にもかかわらず、みずからの命令に背けば殺してしまうのです。それほど厳しい神であったということにもなります。第1章でアマテラスに祟《たた》り神《がみ》的な側面があることに触れましたが、その面がここにも出ています。

そして、アマテラスは「命令に従って西の国を攻めるのであれば、舟に我が御魂《みたま》を祀れ」とタケウチノスクネに命じました。神功皇后はその託宣に従い、朝鮮半島に攻め上っていきます。いわゆる三韓征伐《さんかんせいばつ》です。

突如、登場する八幡神

神功皇后は朝鮮半島に向かった時、妊娠していました。彼女はお腹に胎児を宿したまま、新羅と戦い、帰国後に筑紫で出産します。生まれたのが、のちの応神《おうじん》天皇です。そのため「胎中天皇《たいちゅうてんのう》」とも呼ばれます。

応神天皇はのちに八幡神と習合して神になりました。さらに、神仏習合によって八幡大《はちまんだい》菩薩《ぼさつ》という仏にもなります。天皇でありながら、神であり仏であるという特別な存在です。

八幡神の正体に関してはさまざまな形で研究されていますが、第2章で述べたように、八幡宮の総本宮である宇佐神宮では、九州北部の渡来人たちが祀っていた神が八幡神であるとしています。ヤマト王権においては、八幡神、宗像三女神、住吉三神など九州にかかわる神々が重視されたことになり、これは注目されます。

752（天平勝宝《てんぴょうしょうほう》4）年、東大寺《とうだいじ》（奈良市）の大仏（盧舎那仏《るしゃなぶつ》）の開眼供養が行われましたが、その3年前、八幡神は大仏の建立を助けるために上京します。そして、八幡神の供《とも》として来た宇佐神宮の巫女《みこ》は聖武上皇、光明《こうみょう》皇太后、孝謙《こうけん》天皇と共に大仏を拝んだことが、『続日本紀』に記されています。このような特別待遇からも、八幡神がいかに重要な存在であったかがわかります。

やがて八幡神は応神天皇が習合したことから、アマテラスに次ぐ皇祖神となっていきます。平安時代前期には、八幡神が京都に勧請されて石清水八幡宮が創建されました。平安京では、延暦寺が鬼門《きもん》（北東の方角。陰陽道《おんようどう》では鬼が出入りするとして忌《い》まれた）を、石清水八幡宮が裏鬼門《うらきもん》（南西の方角。同じく忌まれた）を守護する神社とされました。

平安時代後期、武士が勢力を増すと、八幡神は石清水八幡宮から勧請されて鶴岡《つるがおか》八幡宮（神奈川県鎌倉市）が創建されました。八幡神は朝廷だけでなく武家でも祀られるようになったのです。その後、武家政権が誕生すると、各地に祀られていきました。私の著書のタイトルが示すように、『なぜ八幡神社が日本でいちばん多いのか』という状況になったわけです。

八幡神は『古事記』『日本書紀』には出てきませんが、このように突如、歴史に登場すると、きわめて重要な役割を果たすようになりました。

神と魂

話を三韓征伐に戻します。神功皇后が新羅を征服して帰国する際、戦いに同行した住吉三神は、「我が荒魂」を穴門《あなと》の山田邑《やまだのむら》（山口県下関《しものせき》市）に祀るように命じました。

神功皇后は翌年、その穴門から難波に舟で戻ろうとするのですが、舟が進まなくなります。占ったところ、アマテラスが現れて「我が荒魂」を廣田国《ひろたのくに》に祀るよう命じます。この時に創建されたのが、廣田神社です。この神社はプロ野球の阪神タイガースが戦勝祈願をすることから、関西ではよく知られています。

ここで注目すべきは、第1章でもすこし触れた荒魂です。

神はさまざまな魂を持っているという考え方があります。国学者の平田篤胤《ひらたあつたね》に学んだ、幕末から明治にかけての神道家・本田親徳《ほんだちかあつ》は、「一霊四魂《いちれいしこん》」を提唱しました。すなわち、神には、荒魂（荒々しさ、勇気）、和魂《にぎみたま》（「にぎたま」などとも。平和、調和）、幸魂《さきみたま》（「さちみたま」とも。愛、育成）、奇魂《くしみたま》（観察、探求）の4つが備わっているというのです。

一霊四魂を形にしたのが、宮崎市の平和台公園にある「平和の塔」です。これは1940（昭和15）年、皇紀2600年を記念して「八紘之基柱《あめつちのもとはしら》」として建てられたもので、「八紘一宇《はっこういちう》の塔《とう》」と呼ばれましたが、戦後、現在の名称に変更されました。ここには、4つの魂を象徴する信楽焼《しがらきやき》の神像（荒御魂像、和御魂像、幸御魂像、奇御魂像）が立っています。

ただ、一霊四魂が神道において普遍的かというと疑問です。なぜなら『古事記』『日本書紀』を見ても、四魂はほとんど出てこないからです。たとえば、オオクニヌシの国づくりのところで、オオモノヌシが現れると「自分はオオクニヌシの幸魂であり奇魂である」

と宣言するのですが、幸魂と奇魂が登場するのはここだけです。

三韓征伐のところだけに出てきます。さきほど触れた住吉三神が荒魂を祀れと命じたところと、新羅に攻めていく舟に関連して和魂と対比される形で出てくるだけです。両者は確かに役割が異なり、荒魂は舟を率いて戦いに導いていく、和魂は天皇の身体を無事に守るものとされています。

第1章で触れたように、伊勢神宮の内宮にある荒祭宮では、アマテラスの荒魂を祀っています。伊勢神宮にはいくつもの別宮がありますが、そのなかで荒祭宮の社殿がもっとも大きく、重要な存在であることがわかります。

どの宗教でも、神、魂、霊魂はさまざまな形を取って表現されていますが、日本の神話では主に神という言葉が使われ、霊と魂は限定されたところにしか出てきません。

のちに、霊は怨霊という形を取って祟ると考えられるようになります。その例としてよく挙げられるのが第2章で触れた菅原道真であり、祟りを鎮めるために北野天満宮に祀られました。霊が神になれば祟ることはなくなり、反対に何らかの利益をもたらしてくれる。そう考えられたからです。

最強神社

本書では、『古事記』『日本書紀』に登場する太古の神々と、それを祀る神社を取り上げました。『古事記』『日本書紀』の成立後も、前述の菅原道真や八幡神などの新しい神々が誕生しました。稲荷神も有力な神で、農業の神として出発しましたが、やがて商売の神ともなり、江戸時代には各地で祀られるようになりました。それは江戸名物、すなわち江戸に多いものとして「伊勢屋《いせや》、稲荷に犬の糞《くそ》」と謳《うた》われたほどです。

稲荷神は『古事記』に登場するウカノミタマノカミ（宇迦之御魂神）と習合し、さらには伊勢神宮の外宮で祀られているトヨウケとも同体であるとされるようになりました。こうなると皇祖神ですから、人々はますます崇めるようになります。

そこには、『古事記』『日本書紀』に登場する神のほうが、価値（格式）が高いという観念が働いています『日本書紀』に登場する祭神を祀る神社に比べ、稲荷神、八幡神、天神などを祀る神社は〝新参者〟と考えられたのです。

『古事記』『日本書紀』に登場する神社は、少なくともそれらが成立した8世紀はじめにはすでに創建されており、それなりの歴史を経てきたものと考えられます。そこには、さまざまな伝承が残されているわけで、そうした伝承は『古事記』『日本書紀』が編纂された時代よりも遡るものもあるはずです。

神話が編纂されて書物の形にまとめられれば、そこに変更が加えられることはありません。ただ、神仏習合の時代になるとさまざまな伝承が生まれ、中世神話が生み出されていくことになりました。それによって多様な発展を遂げていったのです。

それでも、『古事記』『日本書紀』の神話にもとづく神社のブランド価値が低下することはありませんでした。最強神社は、歴史を通して最強であり続けてきたのです。

私たちは、正月の初詣《はつもうで》だけでなく、祭りなどさまざまな機会に神社を訪れます。ただ、そこにどのような神が祀られているかについてはあまり考えません。意識に上りにくいとも言えます。しかし、特に最強神社に祀られた神々には、神話という物語が背景にあるわけで、それを知ることは、日本人が神々とどういう関係を結んできたかを理解する手立てとなります。神社を通して、神を知る。本書がその一助となることを願っています。

謝辞　本書は、ＮＨＫ文化センター　さいたまアリーナ教室で行った講義がもとになっています。講義の機会を与えてくれたＮＨＫ文化センターと、熱心に聴講していただいた受講生に感謝いたします。

図表作成／篠　宏行
本文ＤＴＰ／キャップス
取材協力／ＮＨＫ文化センター　さいたまアリーナ教室

切りとり線

★読者のみなさまにお願い

この本をお読みになって、どんな感想をお持ちでしょうか。祥伝社のホームページから書評をお送りいただけたら、ありがたく存じます。今後の企画の参考にさせていただきます。また、次ページの原稿用紙を切り取り、左記まで郵送していただいても結構です。

お寄せいただいた書評は、ご了解のうえ新聞・雑誌などを通じて紹介させていただくこともあります。採用の場合は、特製図書カードを差しあげます。

なお、ご記入いただいたお名前、ご住所、ご連絡先等は、書評紹介の事前了解、謝礼のお届け以外の目的で利用することはありません。また、それらの情報を6カ月を越えて保管することもありません。

〒101-8701（お手紙は郵便番号だけで届きます）
祥伝社　新書編集部
電話03（3265）2310
祥伝社ブックレビュー　www.shodensha.co.jp/bookreview

★本書の購買動機（媒体名、あるいは○をつけてください）

＿＿＿新聞の広告を見て	＿＿＿誌の広告を見て	＿＿＿の書評を見て	＿＿＿の Web を見て	書店で見かけて	知人のすすめで

★100字書評……最強神社と太古の神々

名前

住所

年齢

職業

島田裕巳　しまだ・ひろみ

宗教学者、作家。1953年、東京都生まれ。東京大学文学部宗教学科卒業、同大学大学院人文科学研究科博士課程修了(宗教学専攻)。放送教育開発センター助教授、日本女子大学教授、東京大学先端科学技術研究センター特任研究員を経て現在、東京女子大学・東京通信大学非常勤講師。著書に『死に方の思想』『ＡＩを信じるか、神(アッラー)を信じるか』『宗教にはなぜ金が集まるのか』(いずれも祥伝社新書)、『創価学会』(新潮新書)、『葬式は、要らない』(幻冬舎新書)、『新宗教 戦後政争史』(朝日新書)など。

最強神社《さいきようじんじや》と太古《たいこ》の神々《かみがみ》

島田裕巳《しまだひろみ》

2023年 5 月10日　初版第 1 刷発行

発行者……………辻 浩明
発行所……………祥伝社しょうでんしゃ
〒101-8701　東京都千代田区神田神保町3-3
電話　03(3265)2081(販売部)
電話　03(3265)2310(編集部)
電話　03(3265)3622(業務部)
ホームページ　www.shodensha.co.jp

装丁者……………盛川和洋
印刷所……………萩原印刷
製本所……………ナショナル製本

Printed in Japan　ISBN978-4-396-11678-1　C0214

〈祥伝社新書〉
古代史

624
謎の九州王権
ヤマト王権以前に存在した巨大勢力、その栄枯盛衰を追う
日本史学者
若井敏明

456
古代倭王の正体
海を越えてきた覇者たちの興亡
邪馬台国の実態、そして倭国の実像と興亡を明らかにする
古代史研究家
小林惠子

423
天皇はいつから天皇になったか?
天皇につけられた鳥の名前、天皇家の太陽神信仰など、古代天皇の本質に迫る
元・龍谷大学教授
平林章仁

326
謎の古代豪族　葛城《かつらぎ》氏
天皇家と並んだ大豪族は、なぜ歴史の闇に消えたのか
平林章仁

513
蘇我氏と馬《うま》飼《かい》集団の謎
「馬」で解き明かす、巨大豪族の正体。その知られざる一面に光をあてる
平林章仁

〈祥伝社新書〉
古代史

510
渡来氏族の謎
秦《はた》氏、東漢《やまとのあや》氏、西文《かわちのふみ》氏、難波吉士《なにわのきし》氏など、厚いヴェールに覆われた実像を追う

歴史学者 加藤謙吉

370
神社が語る古代12氏族の正体
神社がわかれば、古代史の謎が解ける！

歴史作家 関 裕二

469
天皇諡《し》号《ごう》が語る古代史の真相
天皇の死後に贈られた名・諡号から、神武天皇から聖武天皇に至る通史を復元

関 裕二 監修

316
古代道路の謎
奈良時代の巨大国家プロジェクト

巨大な道路はなぜ造られ、廃絶したのか。文化庁文化財調査官が解き明かす

文化庁文化財調査官 近江俊秀

535
古代史から読み解く「日本」のかたち
天孫降臨神話の謎、邪馬台国はどこにあったのか、持統天皇行幸の謎ほか

国際日本文化研究センター教授 倉本一宏
マンガ家 里中満智子

〈祥伝社新書〉
歴史に学ぶ

545
日本史のミカタ
「こんな見方があったのか。まったく違う日本史に興奮した」林修氏推薦
国際日本文化研究センター所長 井上章一
東京大学史料編纂所教授 本郷和人

588
世界史のミカタ
「国家の枠を超えて世界を見る力が身につく」佐藤優氏推奨
井上章一
小説家 佐藤賢一

630
歴史のミカタ
歴史はどのような時に動くのか、歴史は繰り返されるか……など本格対談
井上章一
国際日本文化研究センター教授 磯田道史

578
世界から戦争がなくならない本当の理由
戦後74年、なぜ「過ち」を繰り返すのか。池上流「戦争論」の決定版！
ジャーナリスト 名城大学教授 池上 彰

570
資本主義と民主主義の終焉
平成の政治と経済を読み解く
歴史的に未知の領域に入ろうとしている現在の日本。両名の主張に刮目せよ
法政大学教授 水野和夫
法政大学教授 山口二郎

〈祥伝社新書〉
「心」と向き合う

183
般若心経入門
276文字が語る人生の知恵
永遠の名著を新装版で。いま見つめなおすべき「色即是空」のこころ
松原泰道

204
観音経入門
悩み深き人のために
安らぎの心を与える「慈悲」の経典をやさしく解説
松原泰道

188
歎《たん》異《に》抄《しょう》の謎《なぞ》
親鸞をめぐって・「私訳 歎異抄」・原文・対談・関連書一覧
親鸞は、本当は何を言いたかったのか？
作家
五木寛之

076
早朝坐禅
凜《りん》とした生活のすすめ
坐禅、散歩、姿勢、呼吸……のある生活。人生を深める「身体作法」入門
宗教学者
山折哲雄

308
神（サムシング・グレート）と見えない世界
「神」とは何か？「あの世」は存在するのか？医学者と科学者による対談
東京大学名誉教授
矢作直樹
筑波大学名誉教授
村上和雄

〈祥伝社新書〉
「心」と向き合う

425
死に方の思想
長寿化、無縁社会、安楽死……社会が大きく変わるなか、死との向き合い方を説く
宗教学者、作家 **島田裕巳**

538
ＡＩを信じるか、神《アッラー》を信じるか
便利だが自由を捨て、ＡＩや宗教に思考を委ねる。そんな時代が到来しつつある
島田裕巳

665
宗教にはなぜ金が集まるのか
宗教と金の問題を歴史から繙き、宗教の本質に迫る。宗教マネーが世界を動かす!!
島田裕巳

629
不安の哲学
『嫌われる勇気』の著者がコロナ禍で向き合った不安の正体と処方箋
哲学者 **岸見一郎**

606
老いも死も、初めてだから面白い
端然としなやかに、あるがままの生き方を綴った珠玉のエッセイ
作家 **下重暁子**

〈祥伝社新書〉
日本文化と美

201
日本文化のキーワード　七つのやまと言葉
あわれ、におい、わび・さび、道《みち》、間《ま》……七つの言葉から日本文化に迫る
作家　栗田　勇

580
大伴《おおともの》旅人《たびと》　人と作品
「令和」の生みの親である大伴旅人の生涯を四期に分け、歌と共に解説
国際日本文化研究センター名誉教授　中西　進　編

336
日本の10大庭園　何を見ればいいのか
龍安寺《りょうあんじ》庭園、毛越寺《もうつうじ》庭園など10の名園を紹介。日本庭園の基本原則がわかる
作庭家　重森千青

561
ゆるカワ日本美術史
土偶、埴輪から仏像、絵巻、禅画、近代絵画まで、ｋａｗａｉｉの源流を辿る
跡見学園女子大学教授　矢島　新

358
芸術とは何か　千住博が答える147の質問
「インターネットは芸術をどう変えたか？」「絵画はどの距離で観るか？」……ほか
日本画家　千住　博